평화와
평화들

평화와 평화들

평화다원주의와 평화인문학

이찬수 지음

PLURALISM OF PEACE

01

서울대학교
통일평화연구원
평화교실

모시는사람들

평화 담론의 대중적 확산을 기대하며

서울대학교 통일평화연구원에서는 한국연구재단 HK(인문한국) 사업의 일환으로 한반도발 평화인문학을 정립하는 연구를 하고 있습니다. 인류의 희망이라 해도 과언이 아닐 평화에 대해 다양한 분야의 연구자들이 함께 학제적이고 융합적으로 연구함으로써, 평화를 새로운 문명의 중심축으로 삼는 작업입니다.

특히 남·북간에 서로를 겁박하고 전쟁 위협에 시달리면서도 통일과 평화를 지향하는 모순이 공존하는 한반도는 세계가 공감할 만한 평화론을 다질 수 있는 최적의 실험실입니다. 한반도는 동양의 깊은 정신문화와 서양의 기술문명 및 근대적 세계관이 만나고 있는 공간이라는 점에서 더욱 그렇습니다. 이러한 한반도적 상황에서 세상이 왜 폭력으로 점철되고 있는지 그 조건과 원인을 분석하고, 갈등을 줄여 평화로 나아가는 길에 대해 상상하며, 평화를 문화적 차원으로까지 심화시키는 작업은 너무나 절실하고 의미 있는 과제가 아닐 수 없습니다.

이러한 문제의식을 가지고 다양한 차원에서 더 많은 이가 공감할 수 있을 따뜻한 메시지를 담은 연작 책 『평화교실』을 순차적으로 출판하고자 합니다. 왜 폭력적인 상황이 지속되는지, 평화란 무엇이고, 평화 연구와 실천은 어떻게 해야 하는지, 학문적 깊이와 대중적 공감을 조화시켜서, 더 많은 이들과 평화 생각과 평화 감성을 나누고자 합니다. 평화에 대해 상상하는 이들이 많아질수록 평화는 좀 더 구체적인 모습을 드러낼 수 있기 때문입니다.

평화로운 문명을 건설하려는 시도보다 더 절실하고 심원하며 장기적인 과제가 또 있을까요. 『평화교실』이 평화에 인간의 얼굴을 입히고, 우리 사회를 평화로운 삶으로까지 이어주는 작은 징검다리가 되었으면 좋겠습니다. "평화를 원한다면 평화를 준비하라(Si vis pacem, para pacem)."는 평화학의 슬로건을 되새겨야 할 때입니다.

서울대학교 통일평화연구원장 정근식

평화와 평화들

들어가는 말

진먼다오(金門島)는 중국 대륙과는 불과 2km, 대만 본섬과는 200km 이상 떨어져 있지만 대만에 속한 섬이다. 1958년 8월 23일부터 10월 5일 사이에만 당시 중공군이 무려 47만발에 이르는 포탄을 이곳에 쏟아붓고도, 결국 중화민국군과의 전쟁에서 패했던 장소이기도 하다. 중공군은 1978년까지 이곳에 포탄을 퍼부었다. 그 때 떨어진 엄청난 탄피들이 지금은 주방용 칼로 변신하고 있다. 전쟁이라는 가공할 폭력을 넘어 평화를 이루어갈 수 있을까. 살상용 탄피를 모아 음식을 조리하는 칼을 만들어내는 진먼다오의 칼 공장(金合利鋼刀, 영어명 MAESTRO WU)은 이러한 물음에 희망적으로 답할 수 있는 가능성을 보여준다.

1. 평화문맹의 시대

사람들은 평화를 원하는데 세상은 평화롭지 않다. 정서적, 기질적, 경제적인 조건 등등이 맞아 일정 기간 평화를 누리는 개인들이 있기는 하지만 사회가, 세계 전체가 평화로웠던 적은 없다. 전래 동화나 신화 속 이야기를 제외하고는 모든 이가 두고두고 태평성대를 누렸다거나 누리고 있다는 말은 들어본 적이 없다. 평화는 그 정도로 어렵다는 뜻이다. 왜일까.

단순하게 규정하면, 많은 이들이 평화를 원하기만 할 뿐, 평화롭기 위한 실천은 하지 않기 때문일 것이다. 평화를 원하기는 하지만, 자신이 원하는 평화가 무엇인지 잘 모르기 때문일 수도 있다. 평화가 무엇인지 알기는 하되, 개인이든 집단이든 실천하는 방법을 잘 몰라서 그런 것일 수도 있다. 평화에 대해 말하기는 해도, 그저 입에 발린 립서비스거나 의미 없는 수식어로만 사용하기 때문일 수도 있다. 평화를 내가 이루기보다는 남에 의해 만들어지기를 바라는 수동성 때문일지도 모른다.

이 모든 것들은 이른바 평화문맹에 해당하는 자세라 할 만하다. 평화문맹은 평화에 대해 어두운 상태, 즉 평화라는 말은 알지만 평화롭지 못하게 하는 상황에 대한 고민은 없거나, 평화를 인식하고 감지하고 구현할 수 있는 과정에 대해 무지한 상태이다. 나아가 평화롭기 위한 실천에도 둔감한 상태를 의미한다. 이런 일은 왜 벌어지는 것일까.

칸트(I. Kant)가 순수이성과 실천이성을 구분한 적이 있는데, 어쩌면 인간에게는 두 가지 이성이 충돌하기 때문일 수도 있다. 어떤 대상을 개념적으로 인식하는 사변적 이성과 도덕적 의지와 그에 따른 행동을 규정하는 실천적 이성은 같은 이성이면서도 구분된다. 관념적 사유의 능력과 인간의 실천이 도덕적 가치에 부합하도록 추동하는 능력 사이에는 분명히 거리가 있다. 머리로 안다고 몸으로 실천되는 것은 아니라는 뜻이기도 하다. 칸트가 구분한 두 가지 이성은 인간이 평화를 원하면서 원하는 대로 구현하지는 못하는 모순을 설명해 주는 하나의 틀이 된다.

물론 이성 간 괴리의 문제로 접근하는 것은 평화의 책임을 개인에게만 돌리는 실수일 수도 있다. 하지만 평화는 단순히 개인들만의 과제가 아니다. 그저 개인의 실천이성 영역으로 제한하기에는 개인의 인식적, 실천적 판단을 가로막는 제도적, 정책적,

문화적 장벽들이 이미 거대하고 견고하게 자리 잡고 있다. 개인과 집단과 사회가 협조해 이 장벽을 허물거나 낮추는 지난한 작업과 병행하지 않고서 평화를 이루는 길은 없다. 평화 연구가 이러한 문제들과 복합적이고 긴밀하게 연결되어 있는 이유도 여기에 있다.

평화와 관련하여 절망적인 상황은 평화에 대해 의식하며 실천하려고 하는데 도리어 갈등이나 분쟁으로 이어지는 경우다. 어떤 이의 평화실천이 다른 이의 실천과 부딪쳐 당초 의도와는 달리 갈등의 원인이 되거나, 한 집단이나 국가의 평화구축 행위가 다른 집단이나 국가의 구축 행위와 대립하는 일이 벌어지는 경우다. 의도적으로 평화를 원하지 않으니만도 못한 상황이 벌어지기도 한다.

2. 평화인식론과 평화다원주의

이 책에서는 이러한 상황에 대한 문제의식을 가지고, 평화를 원하고 또 이루려 하는데 잘 되지 않는 이유의 하나로 평화에 대한 이해의 상이성에 관심을 두고자 한다. 종종 평화의 개념을 정리하기도 하고 평화 자체에 대한 해설도 곁들이겠지만, 이 책의 초점은 평화에 대한 사람들의 이해 내지는 인식의 상이성에 있다. 평화에 대한 인식과 이해가 서로 다르다 보니, 상이한 이해에 기반을 둔 실천이 도리어 갈등의 원인으로 작용하게 되는 가능성에 관심을 두고자 한다. 그래야 평화를 원하는데도 평화롭지 못한 상황이 지속되는 이유가 일부나마 설명될 수 있겠기 때문이다.

아울러 왜 평화를 원하는지, 그 여러 의도에 대해서도 생각해 보고자 한다. 평화를 원하되, 도덕적인 이유로 원하는지, 공리적인 이유로 원하는지에 따라 평화의 양상은 다르게 나타날 수 있다. 도덕적 가치의 차원에서 평화를 원하는 경우는 평화의 책임을 개인의 윤리적 행위에 돌리게 될 수 있고, 공리적 유용성의 차원에서 평화를 원하는 경우는 공리의 기준에 따라 도리어 이해관계의 충돌로 나타날 수도 있다. 어떤 의도를 가지느냐에 따라 평화를 실천하는 방법이 달라지고, 이러한 서로 다른 실천 방법들이 도리어 갈등의 원인으로 작동할 수도 있는 것이다.

어떻든 저마다 평화라는 말을 쓴다고 해서 모두 평화에 대한 이해를 동일하게 하고 있는 것은 아니라는 문제의식이 이 책의 출발점이다. 모든 이의 평화이해가 동일하다면 세계가 이 정도로 폭력적일 수는 없겠기 때문이다. 평화를 보편적인 가치와 궁극의 목적처럼 내세우는 종교들이, 조화보다는 서로가 서로에게 갈등의 원인이 되는 경우가 그 전형적인 증거다. 종교들의 갈등은 의도적으로 위장된 거짓평화를 내세우는 데서 벌어지는 일이라기보다는, 평화를 저마다의 맥락에서 자기중심적으로 상상하고 개념화하고, 나아가 다른 식으로 구체화하려는 데서 벌어지는 일이다.

마찬가지로 평화라는 언어는 외견상 비슷하게 쓰이는 것 같아도, 실제로 그 구체적 인식 내용은 다르다. 언어가 같으니 내용도 같지 않겠느냐 주장할 수도 있겠지만, 그것은 그저 주장일 뿐, 실제로 내용이 동일한지 입증하기는 쉽지 않다. 이러한 문제의식을 가지고 먼저 인간이 평화를 인식하는 과정과 방법에 대해 다뤄 보고자 한다. 인간이 평화를 알아 가는 과정 및 평화인식의 가능성에 대한 탐색, 즉 '평화인식론(epistemology of peace)'을 정리해 보려는 것이다. 이를 통해 평화에 대한 이해가 다양하다는 사실이 드러나게 될 것이다.

그리고 평화에 대한 인식의 다양성은 필연적으로 특정한 평화 규정을 평화실천의 절대적 기준으로 삼을 수 없다는 논리로 이어진다. 이러한 입장을 이 책에서는 '평화다원주의(pluralism of peace)'라는 이름으로 구체화하려고 한다. 평화다원주의는 평화의 개념, 이유, 이해 등이 다양하다는 사실을 인정하되, 다양성들 간 조화의 가능성을 긍정하는 태도다. 이 책의 제목을 '평화와 평화들'로 잡은 것도 평화는 단수가 아니고 복수이되, 여러 '평화들'이 '평화'라는 지점에서 만날 수 있다고 보기 때문이다. 현실에서 경험하는 것은 '평화'가 아니라 '평화들'이지만, 그 평화들 역시 평화라는 공통성을 공유한다는 것이다. 평화 연구에서 제일 중요한 것은 이러한 평화들이 갈등이 아니라 조화로 나타날 수 있도록 하는 일이다. 아픔에 대한 인간적 공감성을 입혀 '평화들'이 인간의 얼굴을 한 평화가 되도록 하는 작업이 평화 연구의 목적이라는 사실을 밝혀 나가고자 한다.

3. 평화인문학을 위하여

이어서 인간의 얼굴을 한 평화학의 가능성, 달리 말해 '평화인문학'의 가능성과 구체성에 대해서 정리하고자 한다. 평화 및 평화인식론, 그에 기반한 평화다원주의에 대해 정리하다 보면, 평화 자체가 인류의 희망이자 난제이며, 평화에 대한 인문학적 상상이라는 것도 결코 간단하지 않다는 것이 드러날 것이다. 그동안 평화학(Peace Studies)은 주로 구미의 국제정치학자와 사회학자들이 다루어 왔는데, 기존의 평화학을 인문학적 관점에서 계승하면서 한반도 상황에서 재구성하는 작업은 힘들지만 의미 있는 일이다.

평화의 개념을 정리하려는 것이 이 책의 첫 번째 목적은 아니지만, 이러한 작업을 통해 평화가 무엇인지도 여러 각도로 구체화될 수 있을 것으로 보인다. 물론 평화다원주의와 평화인문학의 개념 정립을 위해서라도, 평화란 무엇인지 그 최소한의 개념 정리는 필요하다. 따라서 개념 정립도 병행할 것이다. 그렇더라도 더 초점을 둘 분야는 평화에 대한 사람들의 인식이 다양하다는 사실과, 그 다양한 평화인식들이 파편적으로 흩어지지 않고 조화할 수 있게 하는 가능성에 대한 탐색이다. 평화들의 조화가 평화라고 보기 때문이다.

물론 평화에 대한 인식이 다양하면 평화를 위한 실천의 동일성을 확보하기도 쉽지 않다. 그럼에도 불구하고 평화 연구의 전제는, 갈등하고 있는 그 지점 어딘가에 몸을 숨기고 있는 평화를 드러낼 수 있고 또 드러내야 한다는 사실이다. 인간적 희망의 공통 근거로 작동하고 있는 평화의 영역은 평화 연구의 포기할 수 없는 대전제이다. 평화가 다양성들을 긍정하고 이들 간 상호 조화를 지향하는 다원주의적 시각에서 규명되어야 하는 이유도 여기에 있다.

평화는 늘 '평화들'의 양태로 나타나지만, 여러 평화들의 '조화'도 가능하다는 것이 평화학의 전제이자 목표다. 이것은 인간이 성격, 성별, 나이, 피부색 등 여러 분야에서 다양하지만, 그럼에도 불구하고 무언가 인간으로서의 공통성도 있기에 모두 인간이라 불리는 것과 같은 구조다. 이러한 문제의식을 가지고 평화인식과 실천의 가능성, 평화에 대한 다원주의적 조명 및 인문학적 연구의 구체성을 정리해 나가도록 하겠다. 유명한 『코젤렉의 개념사 사전』 가운데 '평화' 편은 다음과 같은 문장으로 마무리되고 있다.

> 이러한 평화 연구의 결과물들이 아무리 제도적으로 전파되고 아무리 대량 출판되어도 우리에게 확신을 주지 못하는 이유는 아마도 이 새로운 학문의 대상이(즉 평화가) 어떻게 파악되고 어떻게 이해되어야 하는지에 대한 의견들이 전에 없이 크게 엇갈리고 있기 때문일 것이다. (『코젤렉의 개념사 사전 5 : 평화』)

서구에서 평화 개념이 어떤 역사적 변천 과정을 거쳐 왔는지 상세하게 정리하면서 내린 결론적 문장이다. 그동안 평화의 개념에 대해서는 많은 연구가 있어 왔지만, 정작 다양한 '개념들의 관계'에 대한 연구는 이제 시작이라는 뜻이라고 할 수 있다. 평화에 대한 인문학적 상상의 가능성과 필요성을 제기한 셈이기도 하다. 이 책은 이러한 문제의식을 이어받아 평화인식과 이해의 다양성이 갈등이 아니라 조화로 나아가도록 하기 위한 이론적 기초를 다룰 것이다. 평화에 대한 여러 규정들에 담긴 언어적이고 논리적 문제들을 천착하는 데서 시작해 보자.

I

평화 개념의
해체와 재구성

2014년 8월 "아시아종교인평화회의"(ACRP)의 제8회 총회가 인천에서 열렸다. 아시아 각국의 종교지도자들이 종교를 통해 평화를 구축하자는 취지로 모인, 아시아권에서는 가장 큰 종교인 회의이다. 그저 모임으로 끝날 뿐, 각국 각 지역에서 다양한 평화운동으로 이어지지 못하는 한계도 있지만, 다양한 종교를 가진 이들이 한 자리에 모여 같은 이념을 고취하기도 흔치 않은 일이다.

제1장 | 평화라는
         말의 심층

1. 개념의 바닥까지 내려가라

평화란 무엇일까. 여러 각도에서 평화에 대해 정의할 수 있을 것이다. 흔히 평화를 '폭력이 없는 상태'라고 정의하곤 하는데, 어떤 정의든 그것은 연구자가 특정 시점과 자리에서 어떤 현상과 의미를 종합적으로 관찰한 뒤 내려진 언어 현상이다. 그런데 그런 정의나 규정이 지시하는 세계 속으로 좀 더 들어가다 보면, 기존의 정의로는 담을 수 없을 새로운 세계들이 펼쳐진다. 현미경의 배율을 높여 가며 사람의 몸으로 한 단계씩 계속 들어가면 세포들의 세계와 만나고, 세포를 구성하는 분자 및 원자의 세계로 이어지고, 양성자, 중성자, 전자들의 세계와 맞닥뜨리게 되는 것과 같은 이치다. 물질 현상도 어떤 눈으로 보느냐에 따라 물질이라고 할 수 있을지, 없을지 모를 미시의 세계가 끝없이 펼쳐진다.

마찬가지로 평화에 대한 규정도 어떤 눈으로, 어디를 보느냐에 따라 새로운 세계로 이어져 간다. 누군가 평화란 이런 것이라고 정의하거나 서술했다고 해서 평화가 충분히 포착되거나 규명된 것은 아니다. 좀 더 상세히 해설한다고 해서 이런 운명에서 벗어날 수 있는 것도 아니다. 어떤 이가 평화를 특정한 방식으로 경험할 수는 있겠지만, 그러한 경험이나 경험된 내용에 대한 언어적 서술은 다시 누가 어떤 관점에서 보느냐에 따라 언제나 비슷한 운명 속에 처해 있기 마련이다.

이런 문제는 기본적으로 언어의 성격에서 비롯된다. 언어 혹은 개념은 운명적으로 그것이 지시하는 세계 속으로 온전히 들어가지 못한다. 언어학자 소쉬르(F. d. Saussure)는 언어를 '기표(記標, 시니피앙)'와 '기의(記意, 시니피에)'로 구분했고, 사회적 언어체계로서의 '랑그'와 개인들의 발화행위로서의 '빠롤'도 구분했다. 기표와 기의가 구분되듯이, 그에 의하면, 사회의 공동 규칙에 따라 언어활동이 이루어지는 것 같아도 개인들의 발화행위로서의 빠롤은 다양하다. 나아가 개인의 발화행위와 타자에게 전달된 의미도 다르다. 그래서 소쉬르는 "랑그에는 차이만이 존재한다."고 말한다. (페르디낭 드 소쉬르, 『일반 언어학 강의』)

여기에는 언어가 생각이나 느낌을 자신에게 해명하거나 남에게 전달하기 위한 수단이긴 하되, 감각적 경험은 온전히 언어화되지 않고 또 타자에게 온전히 전달되지도 않는다는 사실이 함축되어 있다. 다양한 빠롤들이 서로에게 영향을 미치며 사회적 언어체계, 즉 랑그를 형성하고 변화시킨다. 의미는 언어적 다양성과 상호 관계성 속에서 형성된다. 기표와 기의가 구분된다는 말은 특정 언어의 고정적이고 객관적 의미라는 것은 불가능하다는 뜻이기도 하다.

혼히 선불교에서 언어는 달을 가리키는 손가락(指月)과 같다고 말하는데, 인류가 오랫동안 비슷한 문제의식을 공유해 왔다는 증거다. 달이라는 '언어'와 실제 하늘에 떠 있는 '달' 사이에는 간격이 있다. 언어화한 '생각'과 그 생각의 기반이 되는 '경험'은 동일하지 않다. 나아가 사람들의 인식의 정도도 같지 않다. 언어를 사용하는 이들은 가능한 대로 이들 간에 발생하는 긴장과 갈등을 적절히 조화시켜야 하는 과제를 지고 있는 것이다.

언어에 대한 이러한 문제의식은 사실 학문의 기본적 틀을 구성한다. 특히 인문학은 자신이 쓰는 언어가 정말 그 지시하는 세계에 얼마나 가 닿고 있는지 성찰하는 자세를 기본으로 한다. 이것은 어떤 언어가 아무리 사회적 관례가 되었다고 하더라도, 그 관례의 경계선으로 나아가 왜 그런 개념이 생겨났는지 따지는 작업이기도 하다.

가령 마틴 루터(M. Luther)가 당시 권력화한 교회 제도의 근거가 무엇인지 그 바닥까지 들어가 보는 과정에 성서의 언어와 맞닥뜨리게 되고, 기독교 세계의 원천인 성서에는 작금의 어떤 조직, 제도, 권력체계도 정당화되어 있지 않다는 사실을 철저하게 읽어 내면서 이른바 혁명(Reformatio)을 이루게 되었던 것은 이를 잘 말해 준다. 루터는 당시 교회에서 외면하고 있었던 성서를 몇 번이고 읽고 또 읽으면서 기존 관념을 꿰뚫어 그 바닥으로 나아갔고, 그곳에서 공고히 개념화된 기존 세계 질서를 전복시키는 동력을 찾아내었다. 사회적 언어체계의 바닥까지 내려가 고정관념을 뒤집는 혁명을 일으킬 수 있었던 것이다.

이슬람의 개조 무함마드가 받은 첫 계시의 내용도 "읽어라."는 요구였다. 이슬람에서 『꾸란』(Qur'ân)의 의미를 '읽기'로 해석하는 것도 혁명은 언어와 개념의 바닥까지 내려간 곳에서 시작된다는 뜻이다. 일본의 사상가 사사키 아타루(佐々木中)가 혁명이란 다른 것이 아니라 철저하게 읽기, 쓰기라고 밝힌 바 있거니와 평화에 대한 인문학적 연구의 기초도 '평화'라는 언어, 기존의 개념 혹은 관념의 바닥까지 뚫고 들어가는 시도와 함께 다져지고 형성된다.

어떤 개념도 단일하거나 완결적이지 않다. 그래서 공부하는 이들, 특히 인문학자는 기존 경계를 넘어 가능한 한 그 바닥까지 천착해 들어가려 한다. 실제로 언어화된 개념의 밑바닥까지 내려가다 보면, 있어야 할 것 같았던 바닥은 사라지고 늘 끝없는 세계로 들어가는 새로운 문을 만나는 경험을 하게 된다. 특정 언어를 사용할 때는 그 언어의 개념이 확실한 듯 간주하지만, 조금만 더 들어가면 언어의 밑바닥은 없고 기존의 개념은 다른 개념을 낳는다.

들뢰즈(G. Deleuze)가 철학이란 개념의 창조라고 말한 바 있다. 개념(concept)이란 '잉태된 것(conceptus)'이고, 개념화(conception)는 '임신(conceptio)'이라는 라틴어에서 유래한다. 새로운 개념의 잉태가 철학의 요체라는 것이다. 니체(F. W. Nietzsche)가 여성성에서 영원회귀를 보았고, 여성이 되는 것이 중요하다고 본 것도 임신 혹은 잉태가 삶과 학문의 근간이라는 뜻이다. 니체는 가치중립적이라는 이름으로 자기 자신을 창조하지도, 새로움을 잉태하지도 않는 학자는 불임증에 걸린 내시나 다름없다고 비판한다.

이런 점에서 학문, 특히 인문학은 언제나 언어적 한계 혹은 개념과의 정면 승부가 된다. 기존 언어에 안주하면 새로움을 잉태하지 못한다. 물론 새로움도 다른 새로움에 도전받아야 한다. 이런 작업은 끝없이 지속된다. 정면 승부해서 새로운 개념을 잉태해 내는 학문에는 사실상 끝이 없다는 뜻이기도 하다. 인문학

'공부론'을 천착해 온 김영민의 다음과 같은 말은 이 글의 문제의
식과 통한다.

> 공부, 특히 인문학의 공부라는 것은, 도구적 기능 속으로 온전히
> 회수되지 않은 말의 잉여에 대한 감각을 키우는 데서부터 출발
> 한다. 그 감각은 말이 도구적으로 대상화되지 않는 부분, 즉 인
> 간 존재와 내적으로 연루하는 부분을 귀신처럼 느끼고 만지고
> 즐긴다. (김영민, 『김영민의 공부론』)

2. 평화 규정에 평화는 없다

언어는 낱말만이 아니라 문장으로 구성되고 표현된다. 문장에는 주어와 술어가 있다. 술어는 주어를 규정하는 역할을 한다. 이때 말하거나 글 쓰는 이는 술어가 주어를 충분히 지시하는지, 그 주어에 정말 가 닿는지 가능한 대로 따져 보아야 한다. 그런데 불행하게도 한 문장의 주어는 그 술어에 의한 일회적 설명으로 충분히 규명되지 않는다. 가령 국어사전에 따라 평화를 '평온하고 화목함.'으로 정의한다고 해보자. 이러한 정의는 평화에 대한 보통 사람들의 생각을 잘 담고 있다. 그런데 이런 정의는 마치 동어반복처럼, 대번에 평온하고 화목함이란 무엇인가라는 질문으로 이어진다. 평온하고 화목함이라 해설하느니 차라리 평화 그대로 두는 편이 나을 정도다.

평화에 대한 또 다른 국어사전적 정의는 '전쟁, 분쟁 또는 일체의 갈등이 없이 평온함. 또는 그런 상태'이다. 머리로는 이해가 된다. 그러나 이런 정의가 지시하는 세계로 한번 더 들어가 보면, 각 낱말의 개념들은 다시 새로운 세계를 지시하면서 기존 개념의 지평 자체가 확대된다. 전쟁은 무엇이며, 어디까지를 갈등이라 할 수 있을지 따지다 보면, 기존 개념은 사라지고 또 새로운 영역이 펼쳐진다. '평화는 전쟁이 없는 상태'라고 간명하게 정의한다 해도, 전쟁이 무엇이며, 왜 벌어지는지, 테러나 분쟁과는 어떻게 다른지, 전쟁을 막으려면 어떻게 해야 하는지 등등을 해명해야 하는 복잡한 상황으로 연결된다. 전쟁의 개념에도 역사가 있고, 그에 대해 정리만 하려 해도 한 권의 단행본으로는 불가능할 정도로 전쟁 개념 자체도 복잡하다.

물론 계속 새로운 개념들을 규명해 나갈 수도 있다. 그것이 학문의 기본정신이기도 하기 때문이다. 가령 '전쟁은 국가 혹은 집단 간 무력적 혹은 폭력적 싸움'이라고 정의해 보자. 술어들의 개념과 범주를 다소 좁힌 듯해도, 술어의 핵심인 전쟁의 개념과 유형을 구분하다 보면, 여전히 같은 굴레 안에 머문다. '국가나 집단 간 무력충돌'의 범위는 어디까지고, 충돌은 왜 벌어지는지도 규명해야 하는 또 다른 과제로 이어진다. 전쟁의 주체인 국가를 이해해야 하고, 그러려면 국가를 구성하는 영토, 국민, 주권 등의 개념을 이해해야 하는 사태로 번진다. 특히 근대 국민국가 체제에서 주권의 개념은 복잡다단해진다.

게다가 평화가 '전쟁은 물론 일체의 갈등마저 없는 상태'라는 정의는 지나치게 이상적이어서 마치 지상천국을 이야기하는 것이 아닌가 하는 공허감마저 든다. 인류가 그런 평화를 경험해 본 적이 있는지 의심스럽기 그지없기 때문이다.

평화에 대한 일반적이고 간결한 정의 가운데 하나는 '평화는 폭력이 없는 상태'라는 문장이다. 그런데 예상할 수 있듯이, 그 내용으로 들어가 보면 이 역시 완결된 문장이 아니다. '폭력이 없는 상태'라는, 술어에 의한 한정만으로는 주어로서의 평화가 규명되지 않는다. 폭력의 종류도 다양하고 범주도 넓어서, 어떤 폭력을 의미하는지도 물어야 하니 말이다.

더구나 폭력도 교묘하게 구조화되어 이제는 거의 모든 이가 폭력의 피해자이자 가해자, 동시에 책임자가 되어 가고 있는 복잡한 상황 속으로 들어가고 있는 상황이다. 가령 신자유주의 자유경쟁 체제에서 더 낳은 성과를 올리기 위해 서로 경쟁한다면 나를 피곤하게 하는 것은 경쟁상대인 너이고, 마찬가지로 너도 나로 인해 힘들어진다. 그러는 과정에 서로를 경쟁하게 만드는 구조적 폭력은 지속되거나 강화된다. 물리적 폭력은 아니지만, 사람을 힘들게 하는 폭력적 구조는 서로가 서로에게 폭력의 진원지가 되는 형태로 나타난다. 이것은 무력적 정복의 정신이 새로운 상품과 자본을 생산하는 산업적 정복의 정신으로 대체되면서 나타난 문화적 현상이라고 할 수 있다. 폭력이 무력이라는 외피를 벗고 일상 안에 스며들고 문화화하는 바람에 사람으로 하여금 폭력이 아닌 듯 착각하게도 하지만, 도리어 폭력은 인간의 내면에까지 더 깊게 스며들었다고 해도 과언이 아니다.

이렇게 평화를 이야기하려면 결국 폭력의 문제로 귀결되고 만다. 그러고는 다시 폭력에 대한 설명이 평화를 이야기하는 것 이상으로 더 어렵고 복잡해지는 악순환 속으로 빠져들어 간다.

여하튼 이런 식으로 평화 이야기는 자연스럽게 폭력 이야기로 연결된다. 알려진 평화학자 요한 갈퉁(J. Galtung)도 평화는 '전쟁과 같은 물리적 폭력은 물론, 억압적 정치 시스템에 따른 구조적 폭력, 나아가 성차별이나 생태적 차별 같은 문화적 폭력마저 없는 상태'라고 규정한다. 평화를 설명하기 위해 다양한 차원의 폭력을 가져온다. 폭력을 물리적·구조적·문화적 차원으로 세분하고 확대하면서 비교적 설득력 있게 해설한다. 그러면서 이 모든 폭력이 없는 상태가 '적극적인 의미에서의 평화'라고 규정한다. 갈퉁에게서 우리는 평화에 대한 좀 더 구체적인 해설을 볼 수 있다.

물론 그렇다고 해서 평화가 온전히 규명되었다거나 이해되었다고 할 수는 없다. 평화의 개념이 더 분명하게 와 닿는 것 같기는 하지만, 해설이 상세해지면 질수록 상세한 해설들은 다시 더 복잡한 상황 속으로 이끌려 가기 때문이다. 평화를 말하기 위해 전쟁과 같은 무력적 폭력은 물론 정치적 억압, 성차별, 환경파괴, 나아가 주먹질, 언어폭력, 심지어 경제적 억압, 개인들의 심리적 갈등, 스트레스까지 포함해 인간의 모든 부정적 상황을 총동원시켜야 하는 상황에 맞닥뜨리게 되기 때문이다. 한편에서는 이해가 되면서도 다른 한편에서는 평화를 구체화시키기는커녕 도리어 '말의 잉여'로 넘쳐 나는 상황이 펼쳐지게 된다. 그래서 평화에 관한 다수의 논문들과 방대한 책들을 쓰게 되는 것이기도 하니 평화학자의 운명은 기구하다.

상황이 그렇더라도 평화 규정을 포기할 수는 없다. 학문을 한다는 것은 이러한 복잡함 속으로 다시 들어가, 그것을 더 정교하게 체계화시키는 작업이기도 하다는 점에서 그렇다. 게다가 평화 자체가 어느 한 가지를 규명하고 실천한다고 성립되는 것이 아니고, 특정 사회, 국가, 인류 전체와 얽힌 구조적이고 복합적인 현상이라는 점에서, 평화학도 학제적이고 융합적인 연구가 될 수밖에 없다. 평화에 관한 말이 넘쳐 나게 되는 것은 당연한 일일 것이다. 그럼에도 불구하고 다양한 말의 성찬 속으로 들어가 그것이 가능한 한 '잉여'가 되지 않도록 체계화하는 작업이 필요하다. 그것이 모든 학문의 기본이기 때문이다.

분명한 사실은 평화가 단선적이거나 평면적이지도 않으며, 정적이지도, 한정적이지도 않다는 것이다. 평화라는 주어를 해설하는 과정에 여러 술어들이 동원되고 그 술어적 수식어들을 다시 해설할 수밖에 없는 것은 필연적이다. 하지만 아무리 다양한 언어를 가져와도 다양한 수식어들이 규정하려는 평화는 그 술어들 속으로 온전히 회수되지 않는다. 끝없는 질문의 대상으로 남는다. 하나의 문장 속에서 술어는 주어를 지시하면서도, 온전히 지시되지 못한 세계도 동시에 남겨두기 때문이다. 그래서 평화에 대한 서술은 가능하고 또 계속되어야 하면서도, 그 서술 속에 정말 평화가 들어 있는지 늘 되물어야 하는 것이다. 이것이 평화학이 영원한 숙제이기도 한 이유다.

3. 정의로 평화를 설명할 수 있을까

이때 '평화'를 규명하는 데 '폭력 없는 상태'라는 수식어가 동원
된다는 사실은 평화 연구의 역설을 보여 준다. 평화의 개념이 비
평화, 즉 폭력, 전쟁, 갈등 등의 개념에 의해 한정된다는 사실은
평화 연구의 난제를 담고 있다. 평화 아닌 것으로 평화를 설명해
야 하는 모순적 상황에서 평화라는 것이 과연 설명될 수 있으며,
또 이루어질 수 있는 것인지 근본적인 물음에 직면하게 되기 때
문이다.

그렇다면 평화를 평화에 가까운 언어로 규정하면 평화에 대해
좀 더 잘 설명할 수 있게 될까. 가령 고대의 위대한 사상가였던
아우구스티누스는 세속적 차원의 평화론에 의구심을 품고 역사
적인 한계를 넘어 보편적이고 절대적으로 통용되는 새로운 평화
개념을 발전시켰다. 그는 평화(pax)를 '질서의 고요함'으로, 질서
(ordinatio)는 '동등한 것과 동등하지 않은 것들을 각각 제 자리에
앉히는 배치'로 파악했다. 그리고 세계 질서 내에서 모든 사물에

그에 걸맞은 올바른 자리를 배정하는 능력과 의지를 정의(justitia)로 규정하고, 평화를 정의의 차원과 연결시켰다. 이것은 토마스 아퀴나스에게로 이어지면서, 유럽에서는 파편적이고 일시적인 평화가 아니라, 완전하고 영원한 평화 개념을 상상하는 분위기가 커졌다. 평화를 도덕적이고 우주적 가치의 차원에서 해설하는 흐름이 생긴 것이다. 이러한 분위기는 20세기의 문헌인 「제2차 바티칸 공의회 문헌」에서 '평화는 정의(正義)의 실현'이라는 규정으로 이어지고 있다.

세계의 거대 조직인 가톨릭으로 하여금 다른 종교, 사회, 현대 문화적 상황에 대해 대화의 문을 열도록 요청한 이 문헌에서는 '완전한 정의를 갈망하는 인간들이 실현해야 할 질서(정의)의 현실화가 바로 평화'라며 지극히 이상적인 언어를 써서 평화에 대해 해설한다. 평화를 평화에 가까운 언어로 정리했다는 점에서 의미 있는 일이라고 할 수 있다. 이것은 폭력과 같은 비평화적인 것을 제거하는 방식이 아니라, 평화로운 일로 더 평화로운 일을 구현하는 긍정적 관점과 적극적 방식의 평화론이라는 데에 의미가 크다. 우주적 차원의 대긍정 세계를 추구하는 종교에서만이 제시할 수 있는 평화론이라 할 수 있을 것이다.

그렇더라도 문제는 동일하게 남는다. 평화만큼이라 해설하기 어려운 정의의 문제가 또 도사리고 있기 때문이다. 정의란 모든 사물을 그에 알맞은 자리에 배치하는 능력과 의지라는 아우구스티누스의 해설 전통을 이어받으며, 오늘날 한국어 사전에서도 '정의는 개인 간의 올바른 도리, 또는 사회를 구성하고 유지하는 공정한 도리'라고 규정한다. 그렇다면 평화를 해설하기 위해 정의에 대한 사전적 의미를 다시 가져올 수밖에 없게 된다.

이번에는 '개인 간의 올바른 도리' 또는 '사회를 유지하는 공정한 도리'를 규명하느라 힘을 쏟아야 한다. '도리는 사람이 어떤 입장에서 마땅히 행하여야 할 바른 길'로 이어 간다 해도, 여전히 해명해야 할 술어들로 넘쳐난다. 마땅히 행해야 할 바른 길이란 무엇인지 또 풀어야 하기 때문이다. 동시에 사람들은 왜 마땅히 행해야 할 바른 길을 걷지 않을까 하는 질문으로 이어지게 되고, 결국 다시 비평화적인 어떤 행위나 입장과 연결시킬 수밖에 없게 된다.

이처럼 서양 중세에서 정의란 올바른 질서의 원칙 혹은 질서의 유지 및 생성을 위한 도덕적인 행동방식이었다. 정의가 개인 간의 혹은 사회의 올바른 질서의 문제라는 것이었다. 그런데 질서가 잡히려면, 다시 말해 비평화적 상황을 조정하고 방지하려면 법은 물론 법의 적절한 운용으로서의 정치가 필요하다. 이때

법은 그 자체로 존재하는 것도 아니었고, 아래로부터 한 사람, 한 사람이 합의해서 만들어 낸 것이 아니었다. 사실상 법의 원천은 폭력이라 할 만한 어떤 힘과 연결되어 있다. 법이라는 것은 기존의 여러 힘들을 제압한 어떤 압도적인 힘, 즉 폭력을 권력으로 정당화시켜 주는 장치이기도 했다는 점에서 그렇다.

그러다 보니 실제로 서양 중세에서는 법의 유효성과 평화가 동일시되었고, 법의 파괴는 평화의 파괴였다. 평화가 확립되는 것과 재판소가 설립되는 것은 궤를 같이했다. 사회적 평화가 위로부터 만들어져 주어진 법과 사실상 동일시되었다는 뜻이다. 그리고 법은 질서 유지를 위해 강제력을 수반하는 사회적 규범이라는 점에서, 아무리 평화를 정의하기 위해 평화에 가까운 어떤 개념이나 자세를 가져온다 해도, 결국은 비평화적인 어떤 것으로 평화를 규정해야 하는 모순 속으로 들어가게 된다는 뜻이다.

4. 주어는 술어에 종속된다

이렇게 술어를 해설해야 주어가 드러나는 구조에서, 평화를 주어로 놓는 행위는 한편에서는 평화를 드러내면서 다른 한편에서는 더 큰 그림자를 드리운다. 일체의 술어는 주어를 드러내는 그만큼 동시에 주어를 가리기도 한다. 평화는 평화 외적 개념들에 의해 제한되고 한정되는 방식으로 지시될 뿐, 그 자체의 모습을 드러내지 않는다.

전술한 예를 다시 한 번 들면, '평화를 전쟁이 없는 상태'라고 할 때, '전쟁'도 국가 혹은 무력충돌을 설명하는 술어에 의해 한정되면서 그 개념이 드러나는 것일 수밖에 없다. 국가는 국민, 영토, 주권이라는 술어에 의해 한정되어야 하고, 주권은 '국가의 의사를 최종적으로 결정하는 권력'이라는 술어에 의해 한정된다. 이것은 다시 권력의 문제로 이어지고, 나아가 주권이 국민의 의사와 관련되어 있다면, 다시 국민의 의미, 수준, 상황에 대해서도 따져 보아야 한다. 이런 식으로 보다 보면, 권력 없는 주권은 없고, 주권 없는 국가는 없고, 국가 없는 전쟁도 불가능하고, 전쟁 없는 평화도 불가능해진다. 이것은 그 자체로서의 평화라는 것은 없다는 뜻일 수도 있다. 평화는 무한할 정도로 다양한 개념들에 의해 지시되는 어떤 상태일 뿐이다.

게다가 '평화는 ~이 없는 상태'라는 규정에 담긴 '상태'까지 해설하려면 사태가 더욱 복잡하게 꼬인다. 사전적으로 '상태는 어떤 사물이나 현상 따위가 일정한 때에 처해 있는 형편이나 모양'이다. 이때 다소 철학적 논변일 수는 있지만, '상태'의 개념을 분명히 하려면 '일정한 때'가 '순간'인지 '어떤 불변의 지속'인지 등도 규명해야 한다. '일정한 때'가 어떤 때(時)와 어떤 때(時)의 '사이(間)'를 의미한다면, 그 사이는 불변의 지속을 말하는지, 변화의 과정을 말하는지도 물어야 한다. 변화하는 어떤 과정을 의미한다면, 과연 그 변화의 내용은 또 무엇인가 물어야 한다. 전쟁에서 휴전이나 종전으로 옮겨 가는 과정을 의미할 수도 있겠고, 폭력에서 조화나 안정으로 옮겨 가는 과정이라고 할 수도 있을 것이다. 이런 식으로 따져 나가다 보면, '평화는 ~ 상태'라는 말도 결국 지속적 과제로 이어질 뿐, 근본적인 해설에 미치지 못하게 된다.

5. 평화는 술어다

여기서 반복적으로 나타나고 있는 분명한 사실 하나, 주어는
술어에 의해 제한 및 한정되면서 성립된다는 사실이다. 주어는
언제나 술어에 의해 한정되고 규정된다. 주어는 무한할 정도의
다양한 술어들에 의해 끝없이 지시된다. 만일 평화를 주어로 '평
화란 ~이다.'라며 평화에 대해 무언가 해설한다고 할 때, 사실상
드러나는 것은 평화가 아니라 평화를 지시하는 지시체(술어)들
의 세계다. 구체적으로 말하자면 비평화적 현실들이다. 게다가
다양한 술어들을 전부 한자리에 모아 놓는다고 해서 평화가 주
어로 부각되는 것도 아니다. 그저 다양한 지시체들의 끝없는 연
관관계가 존재한다는 사실이 분명해질 뿐이다.

이것은 모든 주어들의 운명이다. 주어의 영어식 표현인
subject는 '아래에(sub) 놓인다(ject)'는 뜻이다. 주어는 술어 아래
놓임으로써만 의미가 발생한다. 주어는 사실상 술어에 대해 종
속적이다. 이것이 주어에 해당하는 영어 subject가 '~에 종속적

인'이라는 의미도 동시에 지니는 이유다. 주어는 한 문장의 주체가 아니다. 도리어 술어에 의해 지시되어야만 하는 종속적 존재다. 서양 사상사에서 주체 혹은 주어가 강조되어 온 것은 어떤 사물이든 사태든 그 안에 자존적인 어떤 것이 들어 있으리라 생각했기 때문이다. 이러한 사고방식이 주어를 앞세우고 술어를 수단으로 주어를 해명하려는 기대로 이어져 왔지만, 그럴수록 분명하게 드러나는 것은 주어는 술어에 종속되는 만큼만 해명된다는 사실이다.

그리고 주어가 술어에 종속적일 수밖에 없는 이유는 인간의 경험이 주어보다는 술어에 가깝기 때문이다. 설명되어야 하는 어떤 대상보다 설명의 수단들이 인간의 경험에 가깝기 때문이다. 어떤 대상을 설명하려면 더 많은 이가 경험할 수 있는 언어를 동원하기 마련인데, 이것은 역설적으로 설명의 대상은 덜 경험적이라는 뜻이다. 마찬가지로 우리가 평화를 '폭력이 없는 상태'라고 규정한다면, 그것은 우리가 더 많이 경험하는 것은 폭력이라는 뜻이다. 평화를 전쟁이 없는 상태라고 규정한다면, 그것은 우리가 평화보다 전쟁을 더 생생하게 느낀다는 뜻이다. 그런 점에서 '평화는 정의가 구현된 상태'라는 해설에 담긴 '정의'도 폭력이나 전쟁에 비해 덜 경험적인 언어라는 점에서는 사실상 동어반복적 규정에 가깝다. 평화가 그렇듯 정의도 인간의 구체적 경험의 언어이기보다는 희망과 이상의 언어에 가깝기 때문이다. 평화를 우주적이고 신적 차원에서 규정하고, 도덕적으로 설명하려는 종교적 속성 탓에 평화를 정의로 설명하곤 하지만, 희망과 이상의 언어를 가져오면 올수록 평화에 대한 원대한 비전은 그만큼 구체적 경험으로부터 멀어져 간다.

6. 주어와 술어 사이에는 차이가 있다

그럼에도 불구하고 더 경험적인 언어로 덜 경험적인 세계를 규명해야 하는 것은 운명에 가깝다. 규명하는 작업을 포기할 수는 없다. 그렇다면 평화에 대한 해설이 좀 더 경험적이고 설득력이 있으려면, 주어를 서술하려 하기보다는 술어들의 세계에 좀 더 집중할 필요가 있다. 술어들의 세계는 경험의 세계이고, 경험의 세계에서 더 좋은 경험의 세계를 만들 수 있는 가능성은 상대적으로 커지기 때문이다.

문제는 경험의 세계는 다양하고 경험과 경험의 해명 사이에는 차이가 있다는 것이다. 즉 주어와 술어 사이에는 차이가 있다는 말이다. "술어가 없는 것은 나에게 아무런 영향도 미치지 못한다."고 포이어바흐(L. Feuerbach)의 말했듯이, 주어에 대한 이해는 술어와 주어 사이의 차이를 해소시키면서 이루어진다. 주어에 대한 기존의 이해에 새로운 차이가 부가되면서 주어가 기존과는 다른 방식으로 좀 더 구체화된다는 뜻이다. 주어와 술어 사이에는 차이가 있으며, 그 차이가 주어를 규정한다는 뜻이다. 술어는 주어와의 차이이며, 그 차이 때문에, 아니 그 차이만큼 영향을 받고 그만큼 주어도 규명된다.

주어와 술어는 동일하지 않다. 그 사이에는 언제나 '차이'가 있다. '~이다'는 동일률의 형식을 하고 있지만, 주어는 언제나 차이에 의해 규정된다. 그런 점에서 엄밀하게 말하면 '~이다'는 불가능하다. 주어는 끝없는 차이들에 도전받고 그에 종속되는 과정으로 존재한다. 주어는 술어들에 의해 지시되는 만큼만 주어라는 뜻이다. 마찬가지의 논리로 평화는 비평화적인 상태나 개념들에 의해 규정되는 만큼만 평화다. 이것이 술어를 중시해야 하는 이유, 더 구체적으로 말하면 주어와 술어의 차이를 중시해야 하는 이유다.

이 차이를 인식하면서 주어도 인식된다. 이것은 차이의 정도가 다르거나 차이에 대한 인식이 다르면, 주어도 달라지거나 다르게 인식된다는 뜻이다. 이것은 평화라는 이름으로 왜 평화 아닌 상황, 즉 비평화적 상황이 발생하는지 그 근본적인 이유를 잘 보여 준다. 저마다 평화에 대해 말하지만, 그렇게 말하는 이의 평화에 대한 술어적 표현들이 다양하고, 술어로 해설된 만큼만 주어로서의 평화가 인식되기 때문이다.

한 걸음 더 나아간 문제는 술어를 구성하는 경험의 세계도 다양하다는 것이다. 경험의 영역이 다르고, 그에 따라 술어에 담긴 경험적 인식이 다르다. 그만큼 주어에 대한 인식도 달라진다. 저마다 평화를 원하지만 세상이 평화로워지지 않는 이유도 이러한 저간의 상황과 연결된다. 도덕적인 이유로 평화를 원하는지, 공리적인 이유로 평화를 원하는지도 평화의 내용을 다르게 만든다. 도덕적인 이유로 평화를 원한다면, 인간의 내면에 좀 더 집중하게 되고, 공리적인 이유로 평화를 원한다면, 무언가 유용성을 창출하려는 경향이 더 커질 것이기 때문이다. 이처럼 평화를 인식하는 의도와 과정과 방법이 다를 수 있고, 저마다의 의도에 따라 자기중심적으로 인식하다 보면, 평화에 대한 인식이 반드시 평화로 나타나지 않는다는 사실을 알 수 있다. 평화에의 요청이 인식 간의 갈등이나 충돌로 나타날 수도 있는 것이다.

제2장 | 평화와 평화들,
인식의 다양성과
평화다원주의

1. 평화는 복수다

이제까지 평화인식의 다양성에 대해 알아보았다. 평화에 대한 인식이 다양한 이유는 평화를 설명하는 술어에 대한 경험치가 저마다 다르기 때문이다. 인간은 복잡한 관계성 속에서 저마다 다른 경험을 하며 산다. 수많은 사람들의 셀 수 없는 경험들이 역사를 구성하고, 한 사람의 경험이 다른 사람의 경험의 근원이 되기도 한다. 경험들이 교류하고 공유되면서 사회도 구성된다.

하지만 다양한 경험들이 언제나 조화롭게 표현되는 것은 아니다. 여러 경험과 그 표현들이 뒤섞이는 현장은 시끄러울 때도 많다. 경험이 다르고 경험된 사실에 대한 인식이 다르며, 그 표현에 대한 수용의 정도가 다르기 때문이다. 인간은 늘 차이들 간의 갈등과 조화 사이의 경계에 있다.

동일한 경험은 없다. 비슷한 시대를 가장 가깝게 살아온 가족 구성원의 경험들도 동일하지 않다. 경험과 그로 인한 인식은 그 자체로 정치, 사회, 문화적 의미를 지니고 있으며, 성적 지향에 따라서도 달라질 수 있다. 저마다의 환경이나 상황 안에서 살아온 만큼 인식하고, 그만큼 경험하는 것이기 때문이다. 인간의 경험은 경험을 가능하게 하는 맥락으로부터 자유롭지 않다.

하이데거(M. Heidegger)는 인간을 '세계-내-존재(In-der-Welt-Sein)'로 규정한 바 있다. 인간은 세계 안에 던져져 있으며, 그 세계 안으로부터 실존론적으로 영향을 받는다. 그래서 인간은 언제나 '내존재'다. '세계'라는 존재론적 지평을 넘어서 본 적이 없다. 인간의 인식은 하이데거가 '세계'라고 부른 지평에 의해 규정된다.

부르디외(P. Bourdieu)가 말한 아비투스(habitus)도 구조상 이와 다르지 않다. 아비투스는 일정한 방식으로 행동하고 인지하고 감지(感知)하고 판단하는 인간의 성향 체계다. 동시에 개인 안에 내면화한 사회적 체계이자 일상적 실천들을 구조화시키는 지평이기도 하다. 개인들이 사회적 공간에서 어떤 위치를 차지하느냐에 따라 상이한 아비투스를 갖지만, 동시에 개별 성향의 차이가 사회적 아비투스의 차이를 만들어 내기도 한다고 그는 본다.

이런 관점은 가다머(H.G. Gadamer)나 리꾀르(P. Ricoeur)의 해석이론과도 통한다. 이들에 의하면, 인간은 어떤 사물을 파악할 때 자기 나름의 인식의 틀을 통해서 해석하기 때문에 인간의 지식은 늘 해석된 지식일 수밖에 없다. 인식된 것은 인식하는 사람 내지 인식 지평과 불가분의 관계에 놓여 있다는 것이다. 따라서 인간의 지식체계와 관련해 완전한 절대주의, 순수한 객관주의라는 것은 불가능하다. 마찬가지의 논리로 모든 이가 동일하게 인식하는 평화를 설정한다는 것도 불가능하다.

비트겐슈타인(L. Wittgenstein)이 인간의 언어는 하나의 관점에서 부분적으로만 실재를 표현할 수밖에 없는 까닭에, 진술된 진리는 언제나 제한적이고 비절대적이라 보았던 것도 마찬가지다. 아무리 사회적인 공동 규칙에 따라 언어활동(랑그)이 이루어지는 것 같아도 개인들의 빠롤은 다르다는 소쉬르의 분석도 비슷하다. 개인의 발화행위와 타자에게 전달된 의미도 동일하지 않다. 게다가 각종 발화는 랑그 안에서 이루어지지만, 랑그 역시 역사적 요인들이나 사회적 힘들, 각종 제도들의 관계에 따른 산물이라는 점에서 가변적이다. 발화행위는 애당초 의도했던 만큼 전달되지 않는다.

이것은 평화라는 표현은 물론 그 개념도 단수적이기보다는 복수적일 수밖에 없는 이유들에 대한 철학적, 언어학적 이유를 잘 보여 준다. 술어가 여럿이고, 평화와 관련된 언어체계가 다양한 차이들로 이루어져 있다면, 평화라는 것 역시 단수이기보다는 복수일 수밖에 없다. 여러 가지 '평화들'이 있는 것이다. 평화가 시각, 청각, 촉각과 같은 감각기관과 연루된 경험의 영역이라면 더욱 그렇다. 인간의 경험 자체가 다양하고, 그 다양한 경험이 인식적 다양성도 만들어 낸다.

동시에 경험 자체가 해석 행위이기도 하다. 경험하고 한참 후에 언어로 해석하는 것이 아니라, 사실상 경험하는 순간 해석된다. 해석 없는 경험은 없다. 경험한다는 것은 그 무언가가 경험될 수 있다는 것과 또한 그 경험을 그 어떤 경험이라고 규정해 주는 해석의 틀(a framework of interpretation)이 있다는 뜻이다.

그런데 인간은 상이한 해석의 틀 안에서 살아왔고, 지금도 살고 있다. 다른 환경과 다른 지평 속에서 무언가를 저마다의 방식으로 보고 해석한다. 인간의 경험은 기억력과 감수성, 과거의 지식과 현재의 희망사항에 의해 이미 채색되어 있고, 집단 혹은 사회적으로 보더라도 경험을 표현하는 전통적 양식, 한 사회에 유행하는 객관적 형식 등과 같은 여러 요소들에 의해 조건 지어져 있다. 순수한 경험은 없으며, 경험은 그 자체로 해석적이다.

이것이 평화를 단수가 아닌 복수로 이해해야 하는 이유다. 평화는 다양하게 요청되고 전개될 수밖에 없다. 저마다 평화라 말하지만, 그 의도와 내용과 지향이 다르다. '평화'와 '평화들'을 구분해야 하는 것이다. 나아가 동일한 평화상태가 아니라, 인간이 다양하게 경험하는 평화들을 긍정하면서, 이들의 관계성에 초점을 두고서 서로 대화하고 합의해 나가야 하는 것이다.

2. 평화다원주의

평화들 간에 대화한다는 것은 다양한 평화 경험들 간에 공감과 공유의 지점이 있다는 사실을 인정하는 것이기도 하다. 대화행위는 설령 부분적일지언정 상대방의 언어에 대한 공감과 저마다 제한된 이해들 간 합의의 가능성을 전제한다. 공감 혹은 합의의 가능성에 대한 선이해가 작동하고 있는 것이다.

이러한 선행적 공감의 영역을 중시할 필요가 있다. 하버마스(J. Habermas)가 공론의 장에서 합의를 중시한 것은 이런 맥락에서다. 합의는 제한된 인식이나 이해들이 파편적으로 흩어지지 않고 공통의 영역을 확보해 가는 과정이자, 대화를 시작할 때 전제되었던 선행적 공통 지점이 확인되는 사건이다. 물론 합의는 간단한 일이 아니다. 하버마스도 여론이 집결되는 '공론의 장'은 대화, 토론, 합의를 통해 형성된다고 강조한다. 그 과정에 제도적 기득권을 누리는 정치권력의 부당한 개입이나, 여론을 수단삼아 스스로를 부각시키려는 압력단체나 언론매체들의 욕구들이 있을 수 있고, 그로 인해 공정한 여론의 형성이 힘들 수도 있다. 그럼에도 불구하고 억압을 일시적으로 분출하는 폭력적 혁명보다 여러 의견들이 오가는 생활세계의 의사소통 과정이 민주주의의 든든한 기반을 만들어 준다고 주장한다. 가시적인 변화를 이끌어 내기에는 오랜 시간이 걸릴 수 있지만, 지속적 합의를 통해 생활 세계에서 공감의 영역을 확보해 가는 과정이 가능하며 또 요청된다는 것이다.

마찬가지 논리로 평화에 대한 인식의 다양성을 긍정하되, 다양한 인식들 간에 공감대를 찾는 일은 평화를 구현하려는 이들의 불가피한 과제다. '평화들'이 '평화'인 이유도 평화들의 공감대가 있기 때문이다. 현실에서는 '평화들'의 형태로 나타나기에, 다양한 맥락에 처한 인간의 평화 경험과 기대 사이에 대화를 통한 합의의 과정을 늘 견지해야 하는 것이다.

그렇다면 특정한 평화 경험을 전체의 평화를 위한 유일한 기준으로 삼는 행위는 어떤 이에게는 폭력으로 작용할 수 있게 된다. 이러한 위험은 평화를 정의의 구현으로 간주하고서 정의를 추구하려 할 때도 개입할 수 있다. 가령 정의를 판단하는 기준으로 법이 개입하는 경우, 법의 영역 '안'에 있는 이들에게는 정의가 평화일 수 있지만, 영역 '밖'에 있는 이들에게는 평화가 소외와 배제일 수 있다. 평화의 이름으로 평화들이 갈등의 진원지가 되는 것은 이런 맥락에서다. 평화들 간의 거리가 '문'이 아니라 '벽'이 되는 순간, 평화라는 이름의 갈등 및 폭력이 발생한다.

평화는 일방적일 수 없다. 평화는 쌍방적, 나아가 복합적이며, 평화의 다른 이름은 조화다. 그 조화의 한복판에 공감대로서의 평화가 있다. 평화의 형태는 다양할 수 있지만, 다양한 형태들 간 공감대 때문에 형태적 다양성이 갈등으로 이어지지 않거나 덜 이어지게 된다. 평화를 기반으로 다양한 평화들을 긍정하고, 이 '평화들'이 '평화'를 지시하는 다양한 술어들이라고 인정하는 논리를 여기서는 '평화다원주의(pluralism of peace)'라고 명명하고 자 한다.

평화다원주의란 단순히 평화들이 여럿이라는 중립적인 주장이 아니다. 평화다원주의는 복수의 '평화들'이 인식적이든 도덕적이든, 사회적이든 정치적이든, '평화'라는 공감대 안에서 유기적 연계와 통합이 가능하다고 여기는 입장이다. '평화'를 설명하는 다양한 술어들에게서 '평화들'의 세계를 보면서 평화의 유기적 통합력(organic integrative power of peace)까지 읽어 낼 줄 아는 자세다. 평화들이 서로에게 갈등의 원인을 제공할 가능성도 있지만, 이 평화들도 결국 '평화'의 유기적 통합력 안에 있기에 공

감의 영역을 떠나지 않게 되리라고 보는 긍정적 입장이다. 그 공
감대로서의 평화를 전제하고 상상하면서, 평화에 대한 다양한
논의와 평화의 다양한 형태들이 정당성을 얻어 간다고 보기 때
문이다.

물론 평화다원주의도 하나의 인식론적인 개념으로서, 인식이
다양한 만큼 평화를 다원주의적 시각에서 판단하는 입장 역시
상대성을 면치 못한다. 평화에 대한 객관적이고 절대적인 기준
이 없듯이, 평화다원주의도 그 자체로 절대적 기준으로 삼는 행
위는 위험하다. '~주의'는 언제나 상대적이며, 절대적 기준을 내
포하지 않고 내포할 수도 없다.

이때 평화다원주의가 인식론적 상대주의에 갇히지 않고 실제
로 평화의 구체화에 공헌할 수 있으려면, 평화들이 여럿이라고
주장하는 단계를 넘어 실제로 평화들의 다양성을 수용해야 한
다. 평화들에 대한 인식적 다양성을 머리로 인정하는 단계로부
터 마음으로 수용하는 단계로까지 나아가야 한다는 것이다. 자
기 중심적 인식의 우월성을 내려놓고, 그 안에 타자의 세계관을
긍정하고 받아들이는 것이다. 그럴 때 갈등이 해소되고, 평화에
관한 다양한 입장들이 살아 있는 평화가 된다. 평화는 어떤 하나
의 주장이나 입장 속에 있는 것이 아니라, 여러 입장들의 조화와

상호 공유를 통해서만 존재하는 과정인 것이다.

물론 동의하고 수용하는 그 지점의 성격과 내용도 중요하다. 무엇보다 그 지점이 폭력을 줄이는 지점인지 성찰해야 한다. 평화가 다원주의적이라지만, 무작정 상대주의적이기만 한 것은 아니다. 동의하고 수용하되, 그것이 누군가의 원치 않는 고통을 줄이고 그로 인해 미소를 되살려낼 수 있어야 한다.

물론 그 지점은 특정 개인의 자기희생적 결단만으로 성립되지 않는다. 그 지점의 성격에 대한 공감과 합의가 요청된다. 평화는 특정 입장이나 사건에 제한되지 않으며, 사람들의 지속적인 추구의 대상이라는 공감적 인식이다. 그런 점에서 평화는 어느 정도 목적론적이다. 평화는 현재 완료형이기보다는, 폭력이 사라지기를 꿈꾸는 기대와 실천만큼 현재 안에 구현되는 과정적 실재라는 것이다. 평화의 목적론적 성격에 대해서는 이 책의 결론 부분에 좀 더 알아보도록 하겠다.

평화를 추구하는 이들에게 평화는 하나의 연구대상이기도 하지만, 평화가 하나의 대상에 머무는 한, 그것은 하나의 관념일 뿐이다. 평화는 평화들을 수용하는 행위를 통해 살아난다. 그 수용이 상대적 평화들을 공통적 평화로 생생하게 재구성시키는 근거다. 서로 수용할 때, 평화 경험과 인식의 다양성이 무질서하게 흩어지지 않고 하나의 모습으로 살아난다. 평화는 서로에 대해 공감하고 합의하고 수용해 가는 과정이지, 제삼의 영역에 자리 잡고 있는 공상적 유토피아가 아니라는 뜻이다.

평화는 현재 완료형이 아니라는 개방적이고 겸손한 입장, 평화들이 만나는 공통의 지점, 평화와 평화 간에 공감대를 확보하지 못하면, 평화의 이름으로 폭력이 발생한다. 칸트가 인간성을 수단으로 간주해서는 안 된다고 말했듯이, 상대의 평화를 수단화하는 과정이 폭력이다. 평화는 평화들의 다양성과 상대성을 인정하고 수용하는 행위를 통해서 드러난다.

그렇다면 평화 개념들과 평화 정책들 간의 관계에 대해 성찰해야 한다. 그 관계에서 공통성을 읽어 내야 한다. 나의 평화 경험이 너의 경험과 교류해야 하고, 평화 연구가 학제적으로 융합되어야 하는 이유도 여기에 있다. 교류하고 공유하지 않는 평화는 없다.

3. 자기중심적 평화주의

예나 이제나 사람들은 평화에 대해 이야기했다. 여러 곳에서 많은 이들이 저마다 평화의 개념들을 정립해 왔다. 그런데 세계가 평화롭지 않은 이유는 그 평화가 그저 개념에 머물렀거나, 평화를 자기중심적으로 전제하고 사유하면서 여러 평화들의 관계를 성찰하지 못했기 때문이다. 그리고 이들을 연결시켜 묶어 내지 못했기 때문이다. '로마의 평화'나 '팍스 아메리카나'처럼 자기중심적으로 제국주의적 거대 평화를 지향하면서, '작은 평화들'을 인정하지 못했고, 평화들의 상통성을 제대로 수용하지 못했다. 평화와 평화 사이에 '투명한 벽'이 있다는 사실을 깊이 의식하지 못했다.

가령 기독교에서는 우주적이고 궁극적인 평화에 대해 말하면서도, 그 평화를 다른 종교인에게까지 적용하지는 못했다. 평화는 보편적이라면서도 이방인들과는 무관하다는 입장을 견지해 왔다. 그런 평화를 경험하려면 기독교로 와야 한다는 식이었다.

불교적 해탈은 출가 스님들에게만 해당된다 생각하고, 다른 종교에서 완전한 평화로서의 열반을 상상하는 것은 불가능하다고 여겼다. 깨닫고 싶으면 불교로 와서, 그것도 출가하라는 식이었다.

이런 자세를 '자기중심적 평화주의(ego-centric pacifism)'라고 명명할 수 있다. 상대를 자신의 우산 아래 두고서 자기중심적 기준에 따라서만 긍정하는 제국주의적 평화관이 이에 해당한다. 종교들이 저마다 평화를 내세우면서 종교의 이름으로 갈등을 키우는 이유도 이런 자세 때문이었다.

자기중심주의에도 의도적 자기중심주의와 비의도적 자기중심주의가 있다. 정치적 제국주의는 자신의 권력과 영역 안에 들어오면 인정하고 보호해주겠다는 의도적 자기중심주의다. 그에 비해 가령 애당초 성차별적인 문화 안에서 성장하면 의도하지 않았는데도 남성에 의한 여성 차별 같은 것이 자연스럽거나 정당화되는 경우가 비의도적 자기중심주의의 사례다. 그러다가 이러한 차별적인 구조와 문화 안에서 의도적으로 자신의 기득권을 옹호하거나 누리려는 이들도 생겨날 수 있다. 이들은 문화나 관례의 이름으로 차별을 정당화하기도 하고, 나아가 차별을 자기 정체성의 근간으로, 자기 중심적 평화의 동력으로 삼기도 한다.

평화의 이름으로 타자를 배타하기도 하는 것이다.

가령 기독교에서는 오랫동안 '교회 밖에는 구원이 없다.'는 구원론을 견지해 왔다. 이 때 '교회'에 해당하는 그리스어 에클레시아(ecclesia)는 본래 '불러냄을 받은 사람들', 풀어서 말하면 예수를 따라 살아야 한다는 성령의 부르심을 받은 사람들을 의미하는 말이었다. 예수가 보여주었던 이타적 사랑을 근간에 두고서 신을 경외하며 사는 사람들이라고 더 풀어서 말할 수도 있다. 하지만 이들 사이의 필요에 따라 조직과 제도가 형성되고, 급기야 교회가 조직 및 제도와 동일시되면서, 교회라는 조직 밖에 있는 이들은 신으로부터 구원받지 못한다는 해석이 등장했다. 기독교가 문화이자 정치이고 생활의 근간이었기에 실제로 교회 밖에서 산다는 것은 상상하기 힘들었던 중세 유럽의 분위기를 비기독교권 지역에 일방적으로 적용하면서 벌어진 일이다. 교회가 진리를 독점하는 신성한 조직이자, 타자에 대한 배타를 당연시해도 되는 주체라는 자기중심주의가 급속히 확대되어온 것이라고 할 수 있다.

이런 역사와 분위기가 한국의 보수 개신교계에서는 이른바 '영적 전쟁' 개념으로도 나타나곤 한다. 여기서는 성서의 문자들이 전혀 오류가 없는 신의 계시라는 입장(성서무오설)에 입각해서, 수천 년 전 고대 이스라엘의 특정 법조항을 오늘의 복잡다단한 사안을 판단하는 단순한 기준으로 삼곤 한다. 가령 동성애를 단죄했던 고대 이스라엘의 법조항을 근거로 동성애 담론을 기존 관례에 도전하는 '영적 전쟁'으로 간주하면서 결사반대한다. 영적 전쟁은 타자를 비인간화시키고, 적군과 아군을 분리시키는 이원론적 프레임이다. 여기서 전쟁의 대상인 타자를 배제하는 것은 자연스럽다.

이슬람 근본주의가 '거룩한 전쟁'(지하드)의 본래 의미를 자기중심적으로 해석하면서 물리적 전쟁을 정당화할 때도 같은 프레임이 작동한다. '영적 전쟁'이든 '거룩한 전쟁'이든 말로는 평화를 위한 것이라 하지만, 그때의 평화는 타자를 자기 기준에 따라 비인간화하고 배제하는 배타주의적 평화다. 말이 평화지, 사실상 폭력이다. 그래도 굳이 이름 붙이자면 배타적 평화주의(exclusive pacifism)라고 할 수 있겠다.

배타적 평화든 자기중심적 평화든, 정도의 차이가 있을 뿐, 모두 평화들 간의 거리가 폐쇄적 벽으로 작용하는 사례들이다. 이러한 벽이 많거나 두터울수록 그에 부딪치지 않으려고 평화를 자신의 내면에서만 찾는 개인주의적 흐름도 커진다. 최근에 '마음공부'라는 말이 유행하고, 산중에서 명상하면서 사회적 소란과 소음에 휘둘리지 않는 내면을 확보하려는 이들이 많아진 것도 역설적으로 다양한 입장들 간에 벽이 두터워졌다는 뜻이라고 할 수 있다. 평화라는 이름의 모순을 넘어 다양한 평화들을 긍정하고 수용하는 단계, 즉 평화다원주의적 자세로 나아가야 할 때인 것이다.

4. 평화들 사이의 문

평화는 평화들의 차이와 거리를 '벽'이 아니라 개방적 '문'으로 만들어 가는 과정이다. 평화는 단순히 개인의 문제일 수도 없고, 특정한 입장을 확장한다고 해서 이루어질 수 있는 것도 아니다. 평화의 모습은 하나로 정해져 있지 않다. 서로 소통하고 합의하는 과정과 흐름이 평화의 실제 모습이다. 특정 현상이나 주장에만 해당하는 불변의 본질이란 없다는 것이 오늘날 사상계의 입장이듯이, 평화도 일정한 모습으로 존재하지 않는다. 여러 가지 평화들이 있다. 음악도 그렇고 미술도 그렇다. 음악이나 미술의 장르와 형식이 여럿이고, 인간을 설명하는 학문 방법론도 여럿이다. 음악의 존재 방식에 대해 생각해 보자.

음악은 다양하다. '음악'은 하나의 형식적 언어일 뿐, 실제로 존재하는 것은 '음악들'이다. 어떤 이는 모차르트나 바하의 음악을 좋아하며 거기서 감동을 받지만, 어떤 이에게는 록이나 랩이 음악의 원천이다. 여기에 우열을 매기기는 곤란하다. 음악은 상대적이다. 상대적이되 연주하는 이에게나 듣는 이에게 영감을 주고 서로 간에 영향을 끼친다. 그렇게 새로운 음악 세계를 창출해낸다. 여기에 상대적 음악들의 보편성이 있다. 클래식을 일방적으로 확장한다고 음악의 보편성이 획득되는 것이 아니다. 바하나 모차르트 음악의 보편성도 청중에게 감동을 주고 지속적으로 연주되며, 새로운 음악적 영감의 원천으로 작용하는 데 있다. 서양의 팝이나 한국의 가요에서도 음악적 진정성이나 보편성이 확인된다. 조용필이나 김광석의 노래도 이 노래를 듣고 따라 하는 이들의 마음에 파문을 일으키며 두루 퍼져간다. 이것이 음악적 보편성의 증거다. 보편성은 개방적 다양성을 통해 드러나는 것이다.

하지만 예술과는 달리, 무언가 이념이 작동하고 이해관계가 얽히는 곳에서는 자기중심적 보편성이 두드러진다. 특정 원리나 이념을 일방적으로 적용하면서 보편성을 확보하려는 경향이 있다. 종교 분야에서 그 사례를 볼 수 있다. 가령 기독교에서는 '하느님은 사랑이시다(요한일서 4:16).'라고 선포한다. 하지만 현실에서는 그 문장에 동의하는 이들에게만 그 사랑을 적용하는 경향이 있다. 기독교인의 사랑과 비기독교인의 사랑을 구별하고, 결국은 사랑의 이름으로 사람을 배제한다. 한편에서는 '유대인이나 그리스인이나, 종이나 자유인이나, 남자나 여자나, 그리스도 안에서 하나(갈라디아서 3:28)'라며, 혈연, 신분, 성별과 관계없는 인류의 원천적 일치성에 대해 선포하면서도, 다른 한편에서는 '그리스도 안에서'라는 부사적 수식어를 내세우면서 그리스도 '밖'에 있는 이들을 차별하는 경향이 있다. '그리스도는 우리의 평화(에페소서 2:14)'라면서도, 이때의 평화를 그리스도에 대한 이해가 달라지는 곳에까지 적용하려 들지는 않는다. 그리스도를 비슷하게 이해하는 이들끼리만 평화를 이야기한다는 뜻이다. 이것 역시 평화라는 이름의 폭력이나 다름없다. '신이 하나'라면서, 그 '하나'에 조건을 달고 자기중심적으로 판단하는 순간, 하나인 진리가 도리어 배타주의적 폭력의 진원지가 되는 것이다.

'하나'가 폭력이 아닌 포용의 진원지가 되려면, '하나'를 자신 혹은 자신의 이해관계 안에 가두어서는 안 된다. '하나'를 말 그대로 '하나'로 이해해야 한다. 혈연, 지연, 민족, 성별 등의 차이를 있는 그대로 인정하는 것이다. 너를 긍정하고 너에게서 나와의 상통성을 읽어 내는 것이다. 사사키 아타루가 '(철저하게) 읽기'에서 혁명의 진원지를 보았듯이, '하나인 신'의 의미를 제대로 읽으면 그곳에서 일체를 긍정하는 논리가 나온다. 그 논리가 독자에게 변화의 힘으로 작용하면서, 급기야 일체를 긍정하는 혁명의 진원지가 될 수 있는 것이다. '모든 것은 그분(하나)에게서 나오고 그분으로 말미암고 그분을 위하여 있다(로마서 11:36).'고 하듯이, '하나'를 말 그대로 '모든 것'의 근원이고 통로이며 목적으로 볼 때, 외적 차이가 갈등보다는 조화의 증거와 동력이 되는 것이다. 기독교인이라 할지라도 신에 대한 현실적 인식은 다양하며, 기독교인들의 신 인식이 동일하다고 입증할 수 있는 제3의 지대라는 것은 없다. 평화가 그렇듯이, 신 이해를 독점할 수 있는 자격을 갖춘 이는 없는 것이다.

5. 평화를 위한 덜 폭력적 수단

그런데도 신 이해의 원천을 자신 안에 가두어 두면서 종교적 근본주의 혹은 원리주의가 등장한다. 신 이해를 담은 텍스트를 자신만이 소유한다고 판단하는 순간, 모든 판단의 기준은 텍스트가 아니라 자신이 된다. 그것이 타자에 대해 폭력의 형태로 나타난다. 원리주의는 텍스트를 철저하게 읽지 않고 어설프게 자신과 일치시키는 데서 발생한다.

하지만 신은 신 인식의 제한성을 긍정하고, 다른 가능성에 대해 개방하는 과정으로만 활동한다. 특정인에게 소유되지 않기에 신인 것이다. 상당수 현대 신학자들이 동의하고 있듯이, 현실에 의미를 부여하는 그 근원 혹은 너머에 대해 묻고 답을 추구하되, 얻어진 답을 자기완결적이거나 절대적인 것으로 간주하지 않는다. 새로운 가능성에 열려 있고, 다양성을 포용하고 살리는 방식으로 나타난다. 나의 인식을 포함하여 인식의 형식은 다양하다고 믿는다. 그러면서도 그 다양성이 파편화되지 않도록 묶어 주는 공통의 근원도 중시한다. 신이 하나라는 다양한 입장들을 긍정하는 것이다. 신은 그 긍정 속에 존재한다.

마찬가지 방식으로 평화들이 평화가 되려면 다양한 평화들을 긍정해야 한다. 평화의 일방적 기준은 없다. 전술했듯이, 아무리 평화를 위한 일이라 해도 수단이 일방적이면 폭력을 낳는다. 너에 대한 나의 감정이 나에 대한 너의 감정과 동일하다고 일방적으로 착각하면서 사랑이라는 이름의 폭력이 발생하기도 한다. 내가 지금 생각하고 있는 상태와 수준을 긍정하되, 너의 형편도 배려할 수 있어야 한다. 그럴 때 너를 배려하는 과정과 수단도 평화적이 된다.

가령 예수는 "너희는 남에게서 바라는 대로 남에게 해주어라(마태복음 7:12, 누가복음 6:31)."고 가르친 바 있다. 그런데 자신이 원하는 것을 남에게도 해주려고 할 때, 남도 그것을 원하는지 살필 수 있어야 한다. 만일 이러한 상호성을 의식하지 않은 채 나의 사랑을 너에게 일방적으로 적용하다 보면, 경우에 따라서는 사랑도 폭력이 될 수 있다. 남한이 바라는 것을 북한도 바라는지 생각해야 하는 것도 같은 이치다. 상대가 나의 희망과 기대에 맞춰 줄 것을 바랄 수는 있지만, 어떻든 지나치면 폭력이 된다. 이른바 과유불급(過猶不及)이다. 상호성을 의식하며 서로의 바람을 수용하면서 평화의 기초가 형성된다는 말이다.

예수와는 다소 다르게, 공자는 "내가 원하지 않으면 남에게도 하지 마라(己所不欲 勿施於人,『논어』, 안연 2, 위령공 23)."고 가르친 바 있다. 자신이 원하는 일을 남에게 하는 적극적 방식이 자칫 폭력이 될 수 있지만, 자신이 원하지 않는 일을 남에게도 하지 않는 소극적 태도는 폭력이 될 가능성을 일단 줄여 준다. 아무것도 하지 않는 것이 아니라, 원하지 않는 일은 하지 않는 것이다. 이런 행동과 자세로 적극적인 평화를 구현하기는 더 힘들지 모르지만, 평화에 관한 논의에서 공자의 소극적 입장은 좀 더 현실적이다. 평화를 이루는 수단이 덜 폭력적일 수 있기 때문이다.

제3장 | 평화는 폭력을
줄이는 과정

1. 사회적 비도덕성의 이유

이런 식으로 자신의 입장을 남에게 적용한다고 할 때, 남의 범주를 좀 더 구체적이고 인격적으로 생각해야 한다. 자신이 원하는 일을 남에게도 하든, 원하지 않는 일을 하지 않든, 개인이 개인을 대하는 일은 비교적 쉽다. 개인이 개인에 대해 면전에서 폭력을 행하는 경우는 많지 않다. 개인들이 자기 자리에서 평화로울 수 있는 가능성은 상대적으로 크다.

문제는 '남'과의 관계이다. '남'의 범주가 넓어져 집단이 되고 사회가 되면, 그 집단이나 사회 전체에 대한 관심은 상대적으로 약해진다. 낯모르는 개인이나 집단을 가족이나 지인과 동일하게 대하기는 힘들다. 남의 불치병보다 제 손톱 밑의 가시가 더 다급한 문제이기 마련이다. 이것이 사회적 평화, 세계의 평화가 어려워지는 단순한 이유다. 라인홀드 니버(R. Niebuhr)가 『도덕적 인간과 비도덕적 사회』에서 개인은 도덕적인데 사회가 비도덕적인 이유에 대해 말한 것도 비슷한 이치다. 개인과 개인의 사이에서는 서로를 도덕적으로 대하는 자세가 가능하지만, 개인들을 몇 단계 건너가면 도덕성의 강도가 약해진다.

칸트의 이해를 따르건대, 도덕성(morality)은 어떤 행위의 의도가 선과 악 혹은 옳고 그름 같은 사회적 규범에 합치하는 능력이다. 선한 의도로 선한 행위를 할 때 도덕적이라 할 수 있다는 뜻이다. 만일 악한 의도로 선한 척하는 행동을 한다면, 그 의도와 행위 사이의 차이가 생기는 만큼 비도덕적이다.

그런데 선하지 않은 의도로 선한 척하는 행위는 양심에 꺼려질뿐더러 가까운 지인들 사이에서는 들통날 가능성도 있다. 양심의 가책 때문에라도 의도와 행위가 일치하는 도덕적 행위를 하려는 마음이 더 들게 마련이다. 그러나 속으로는 일반 규범과 어긋난 의도를 가지면서도 겉으로는 그 규범에 따르는 경우도 있다. 속으로는 좋아하지 않으면서 겉으로는 좋아하는 척할 수도 있다. 이러한 행위가 가까운 지인에게는 양심상 부담스럽기도 하지만, 여러 단계 건너간 낯선 개인들에게는 그다지 양심의 가책이 크지 않다.

인간은 개인에 대한 동류의식이나 공감력을 갖고 있고, 개인 차원에서는 다른 이의 이해관계를 고려하기도 하지만, 집단으로 가면 상황은 다소 달라진다. 개인과 달리 집단의 내적 의도는 명확하게 정립하기 힘들다. 개인들 간의 친밀도가 떨어지고 개인의 도덕성이 그다지 부각되지 않는 집단에서는 개인의 의도와 행위 사이의 차이가 직접 노출되지 않는다. 그런 까닭에, 개인이 내적 의도와 행위 사이에 거리가 있는 비도덕적 행위를 하더라도 집단 전체로서는 딱히 문제가 되지 않는다.

게다가 집단은 단순히 개인들의 총합이 아니다. 집단은 개인의 의도와 행위 사이의 차이가 중층적으로 얽혀 있으면서도, 그 차이들에 책임을 물을 수도 없는 복잡한 상황 속에 놓여 있다. 집단의 주체는 모호해서 전체를 인도하거나 통제 및 억제하기 힘들다. 다른 사람들의 욕구를 수용하는 능력도 개인과 개인 간의 관계에 비해 훨씬 결여된다. 그래서 개인에서와 같은 도덕성을 획득하기 어려워진다. 개인들의 이기적 충동이 중층적으로 결합된 집단주의 때문에 타자 긍정적 행동을 하지 못하게 될 가능성이 크다. 개인은 비도덕적 집단 안에 자신의 도덕성을 숨기고, 자신의 책임은 면하면서 집단의 비도덕성에 합류한다. 이것이 폭력이 구조화하는 이유와 과정이다. 멀리 떨어진 타자를 비인격적으로 혹은 비도덕적으로 대하는 행위와 자세가 사회를 비도덕적으로 만드는 요인으로 작동하는 것이다.

2. 폭력으로 폭력을 줄이기

개인의 면전보다는 개인이 집단 안에서 익명화될 때 좀 더 비도덕적 행동을 하게 되는 이유는 무엇일까. 이와 관련해서는 르네 지라르(R. Girard)의 연구에서 아이디어를 얻어 봄 직하다. 지라르는 인간적 일상의 동력을 모방에서 찾는다. 인간의 문화는 상대방의 소유를 자기도 소유하기 위해 상대방을 모방하려는 욕망이 일상화하며 형성되어 왔다고 본다. 모방욕이 여러 사람들 사이에 겹치면서 모방이 경쟁적으로 강화되고, 모방적 경쟁관계가 갈등을 불러일으키며, 나아가 폭력화하기도 한다. 어떤 폭력은 개인을 직접 향할 수도 있지만, 집단 안에 감추어져 집단의 이름으로 활동하는 경우가 더 많다. 집단적 폭력에서 특정 개인의 책임은 부각되지 않는다. 사회적 비도덕성의 근본에는 개인들의 모방경쟁이 있지만, 개인들은 그로 인한 갈등을 자신의 직접 책임으로 돌리지 않는다.

이런 분위기 탓에 평화의 가치에 대해서는 대부분 원칙적으로 동의하지만, 자신으로부터 여러 단계 떨어진 곳에서의 폭력적 행위에 대한 책임을 느끼거나 누군가 그 책임을 찾아내 묻기는 힘들어진다. 그런 만큼 현실에서 평화는 희미해져 간다. 이런 상황을 극복하는 것은 가능할 것인가. 현실에서 폭력을 줄이는 것은 가능할 것인가.

이러한 물음 앞에서 지라르의 인류학적 연구를 다시 눈여겨볼 필요가 있다. 그에 의하면, 종교는 폭력을 극복하는 과정이기도 하다. 가령 예방주사는 미량의 병균을 미리 주입시켜 내성을 키워서 향후 더 큰 병을 극복할 수 있도록 하기 위한 방법이다. 같은 논리로 재판도 폭력을 공식적으로 응징함으로써 이후의 폭력을 예방하는 수단이다. 그렇지만 예방주사든 재판이든 이는 어느 정도 폭력적인 수단이다. 그에 의하면, 폭력적 수단을 통해 폭력을 제어해 온 전형적인 현상 가운데 하나가 종교다. 종교는 이른바 '희생양' 논리를 통해 폭력을 제어해 온 현상 가운데 하나다. 예방주사나 재판이 다른 질병이나 폭력을 막는 장치가 될 수 있듯이, 종교는 일정한 시간 안에서만 폭력을 행사하도록 제한하면서 모방행위에 담긴 폭력의 일상화를 막는 역할을 해 왔다는 것이다. 그것이 이른바 '성스러운 폭력'이다. 일상의 폭력을 중지시키고 더 큰 폭력을 막기 위해, 일정한 틀, 즉 공적 영역으로 제한된 폭력이다. 짐승을 제물로 바치거나, 폭력의 원인 제공자를 공식적으로 희생시켜서 이후의 폭력을 제어하는 데 종교가 적절한 이념을 제공해 왔다는 것이다. '성스러운 폭력'은 기존 세속적 폭력과의 차이에 붙여진 이름인 것이다. 그 차이가 기존 폭력을 제어하고 사회적 질서를 가져온다고 지라르는 생각했다. 물론 '성스러운 폭력'이라고 할 때의 성스러움이란 무엇인지 그 의미를 규정해야 하고, 그것을 정말 성스럽다고 할 수 있을지는 비판적 검토의 대상이지만, 인류학적 시각에서 폭력의 역사와 현상을 분석하고 궁극적으로 폭력의 축소를 고민했던 지라르의 시각은 평화의 구체화를 고민하는 우리에게 유용하다.

독일의 국제정치학자 디터 젱하스(D. Senghaas)가 국가가 폭력을 독점해야 한다고 본 것도 정치학적으로 보면 비슷한 구조를 띤다. 그는 비평화 혹은 평화부재(peacelessness)의 상황이 왜 구조화된 채 생생하게 지속되는지, 그 국제정치적 관계, 문화적 이유 등을 복합적으로 연구했다. 평화구축을 일종의 '문명화 프로젝트'로 이해하면서, 공동체 내부 혹은 공동체들 간의 생활에서 평화를 구축하려면 여섯 가지 대안을 실천해야 한다고 보았다. 이 중 눈여겨볼 것이 시민의 무장을 해제하고 폭력의 사유화를 막기 위해 폭력은 국가가 독점해야 한다는 제안이다. 법적 질서

를 확립하고 시민들의 민주적 정치참여를 보장하면서 확보된 공
적 권위와 권력이 폭력을 통제할 수 있어야 한다는 것이다. 폭력
자체를 없애기는 힘들더라도, 분쟁 상황에서 홍분을 통제할 수
있어야 하고, 사회 구성원들의 상호 의존을 통해 갈등을 제한하
고 폭력의 사유화를 막아야 폭력의 양상도 변화시킬 수 있다는
것이다. 이러한 쳉하스의 입장은 일종의 공적 폭력을 통해 사적
폭력을 제한하는 것이 인류 문화사의 핵심이었으며, 실제로 그
런 과정을 통해 폭력이 제한되어 온 측면이 있다는 지라르의 분
석과 구조상 과히 다르지 않다. 평화론도 폭력론에 기반해서 성
립되는 것이다.

이와 관련해 지라르는 사적 폭력과의 차이가 폭력의 원인으로
작동하지 않고 폭력을 예방하는 길이 되도록 하려면 "사람들을
모방의 경쟁 상태로 이끌지 않고 경쟁으로부터 보호해 줄 수 있
는 모델을 제공해 주어야 한다."고 덧붙인다. 물론 경쟁으로부터
벗어나는 것도 일종의 모방행위이다. 예수가 신을 아버지라고
부르며 모방하듯이, 제자들에게 자신을 모방하라고 한 것은 사
실상 모방적 경쟁으로부터 벗어나라는 요청이었다고 본다.

하지만 모방경쟁에서 벗어나는 것은 쉽지 않다. 현실적으로
폭력이 워낙 구조화되어 있고, 복잡한 원인들과 얽혀 동적으로

생성되고 있기 때문이다. 그럼에도 불구하고 모방적 경쟁에서 벗어나야 한다면, '적극적으로 하기'보다는 '소극적으로 하기'도 하나의 방법이 된다. 앞에서 보았듯이, '남에게서 바라는 대로 남에게 해 주기'보다 '자기가 원하지 않는 일을 남에게 하지 않기'가 폭력을 실제로 줄이는 데 공헌할 가능성이 크다. 비평화적 상황이 복합적으로 구성되어 있는 상황에서 평화를 위해 무언가를 새롭게 부가하는 덧셈의 방식(positive way)보다는 기존 원인이 작동하지 않도록 하는 뺄셈의 방식(negative way)이 긴요하다는 말이다. 나아가 자기가 원하지 않는 사태는 왜 생기는지, 그 원인을 개별적인 차원에서는 물론 사회적 차원에서도 파악할 수 있어야 한다. 이를 위해 내가 원하지 않는 일이 왜 내게 벌어지는지 그 사회적 차원, 구조화된 폭력의 실상을 파악하고 드러내는 일은 중요하다.

3. 평화는 폭력을 줄이는 과정

중요한 것은 실제로 폭력을 줄여야 한다는 것이다. 이것은 인류가 폭력을 없앨 수 있다는 가정과 평화라는 이상을 완전히 포기한 적은 없다는 사실과 연결된다. 실제로 인류는 평화를 상상하며 평화를 이룰 수 있다는 전제를 지녀 왔다. 그리고 긴 안목에서 보면, 평화를 실제로 경험해 오기도 했다. 가령 자식을 부모의 부속물이나 재산처럼 여기던 데서 자식이 태어나자마자 하나의 인격으로 간주할 수 있는 법적·문화적 장치가 마련된 것은 분명히 인류가 경험해 온 확장된 평화의 사례이자 근간이다. 이런 변화는 중세의 신학적 가치와 교회 제도가 세속화하고(긍정적인 표현을 하면 사회 안에 녹아들고) 사회가 도리어 신학적 가치를 수용해 종교화한 데서 비롯되는 일이다. 단기적으로 보면 종교가 폭력적 양상을 띠기도 하지만, 장기적으로 보면 인류의 평화 경험에 어느 정도 공헌한 측면도 있다는 증거이기도 하다.

물론 그만큼 폭력의 양상도 정교하고 복잡해져서 인류 전체가 평화를 향해 진화한다고 단언하기는 힘들다. 이 글의 도입부에서 보았듯이, 평화는 한낱 이상이자 희망일 뿐, 구체적으로 현실화할 수 없다는 허무주의도 팽배하다. 그럼에도 불구하고 폭력적 현실을 폭로해 사람을 폭력 너머로 움직이게 하는 사건(가령 예수의 십자가 죽음)도 가능하듯이, 붓다를 따라 세상의 고통의 원인을 직관하고, 고통의 근원을 제거해 세상의 평화를 추구하는 이들도 적지 않듯이, 폭력 안에서 폭력을 줄이고 폭력을 넘어 궁극적으로는 폭력 없는 세계를 이루려는 희망적 기대가 완전히 끊어진 적은 없다는 사실도 분명하다.

이러한 기대와 희망에 근거해 폭력을 줄여 나간다면, 그 폭력의 축소가 바로 평화의 과정이다. 평화보다 폭력의 경험이 더 큰 인류에게 평화라는 것은 언제나 폭력이 축소되는 과정으로 존재한다. 설령 그런 과정이 일시적으로 전개되었다가 뒤바뀌더라도, 다시 폭력적 현실을 넘어서려는 희망을 놓치지 않는다면, 그 희망의 끈이 평화를 드러내는 동력이 된다. 개인의 일시적이고 심리적인 평화도 가능하지만, 평화는 사회적이고 구조적이고 문화적 차원 전반에서 폭력이 극복되기를 바라는 희망의 영역과 관련되어 있다. 평화학은 이 희망의 영역을 다루는 학문이기도 하다. 평화가 주어라기보다는 술어이며, 술어는 폭력적 경험의 세계를 반영한다고 할 때, 평화는 다양한 술어들 간 합의를 통해 폭력을 줄이는 과정으로 나타난다. 평화는 완성된 하나의 상태가 아니라, 폭력이 줄어드는 과정 혹은 폭력을 줄이는 과정이다. 평화학은 폭력을 줄이기 위한 다층적이고 학제적인 연구인 것이다.

그렇다면 폭력을 어떻게 줄여 나갈까. 만일 폭력을 줄이는 것이 비폭력적인 어떤 가치, 상태가 그만큼 커지는 과정이기도 하다면, 그때 폭력을 줄여 나가는 그 비폭력적 동력 중 하나는 '공감'이다. 공감은 평화의 가능성에 대한 탐구에서 제외시킬 수 없는 인간의 긍정적인 능력이다.

4. 폭력을 줄이는 동력, 공감

사람들이 사회를 이루며 함께 살아가기 위한 근본적인 능력 가운데 하나는 공감(共感)이다. 사전적 의미로 공감은 '남의 감정, 의견, 주장 따위에 대해 자기도 그렇다고 느낌 또는 그렇게 느끼는 기분'이다. 함께[共] 느낌[感] 혹은 느낌[感]의 공유[共]라 요약할 수 있다. 누군가와 무엇인가를 함께 느끼고 있는 상태가 공감이다. 이때 핵심은 '함께'에 있다.

함께 느낌, 즉 공감에도 두 종류가 있다. 타자의 형편을 먼저 떠올리며 타자에게 나아가는 타자지향적 공감(영어 empathy가 비교적 여기에 어울린다.)과 타자가 자신의 느낌에 맞추어 주기를 바라는 자기중심적 공감(영어로 sympathy가 비교적 여기에 어울린다.)이다. 공감이라는 우리말이나, empathy와 sympathy는 일상 대화에서는 별 차이 없이 쓰이지만, 타자지향적 공감과 자기중심적 공감은 분명히 구분된다. 어떤 공감이냐에 따라 평화에 공헌할 수도, 그렇지 못할 수도 있다.

가령 지배자들 간 지배의 공감이 커지면 식민주의적 제국주의도 생겨나고, 소비자들 간 소비의 공감이 커지면 경제 구조가 비인간화하고 급기야 지구가 위험해진다. 그저 자신의 입장에서만 공감하다 보면, 자기도 모르는 사이에 폭력적 상황에 일조하게 될 수도 있다. 모방이 자신을 감추고 타자를 따라 하다가 결국 다른 모방자와 같아지듯이, 자기중심적 공감은 다시 자기를 향해 오는 폭력의 부메랑이 된다. 이것을 피하려면 타자의 입장에서 하는 공감, 즉 empathy가 요청된다. 타자를 기준으로 삼는다는 점에서 empathy가 sympathy보다 더 평화적이다. 평화에 공헌할 가능성도 더 크다. 평화 공부도, 평화 운동도 empathy를 기반으로 할 때 인간의 얼굴을 한 사회를 만드는 데 공헌한다.

이러한 공감의 능력은 사실 새삼스러운 발견이 아니다. 이미 수천 년 전부터 공감을 인간다움의 기초로 삼은 종교적 천재들은 이웃의 아픔에 공감하는 삶을 살았고, 또 요청했다. 타자지향적 공감은 세계의 정신적 스승들의 삶의 근간이자 기본 정서이기도 하다. 가령 붓다의 자비, 맹자의 측은지심, 예수의 긍휼 등은 그저 특정 종교인의 언어가 아니다. 그것은 empathy의 다른 이름들이다. 공감의 능력이 인간을 인간답게 해주는 동력이라는 사실을 이들이 잘 보여 준다.

물론 아무리 종교적 천재라 하더라도 언제나 측은지심이나 긍휼로 충만해 있을 수는 없다. 자비, 긍휼 등은 그 자체로 많은 에너지를 필요로 하는, 원초적이고 즉각적인 감정이다. 고통에 대한 공감 자체가 고통스러운 일이기도 하다. 폭력을 대면하는 일은 더할 나위 없다. 고통스럽고 싶지 않은데 고통을 마주해야 하는 일은 고통스럽다. "중생이 아프니 내가 아프다."(『유마경』「문수사리문질품」)고 한 유마거사의 일성은 타자의 아픔에 대한 공감의 전형적인 사례다. 정말 공감한다면 중생의 아픔이 자신의 아픔이 되지 않을 수 없다.

이런 맥락에서 붓다도, 예수도 삶이 녹록하지만은 않았을 것이다. 타인의 고통에 즉각적으로 반응하는 행위 자체가 심신의 온 에너지를 빨아들였을 것이기 때문이다. "고난받고 있는 인류를 생각하는 사람은 자신을 생각하지 않으리라. 그럴 시간이 어디 있겠는가?"라는 마하트마 간디(M. Gandhi)의 말도 고통에 대해 공감하는 이의 마음 자세와 실천을 잘 나타내 준다. 공감은 얼핏 보면 단순한 마음자세이자 정신 행위인 듯하면서도 그 어떤 신체 행위 못지않게 힘들다.

네덜란드의 사회학자 아브람 더 스반(Abram de Swaan)이 세상의 작동원리로 '의존'을 꼽았는데, 공감도 이미 서로 의존하고 있는 상황에 대해 통찰하는 이가 보여 줄 수 있는 능력이다. 더 스반은 말한다. "사람은 살아가는 모든 측면에서 다른 사람들을 필요로 한다. 다른 사람들에 의해 태어나고, 살아가기 위해 다른 사람들에게 의존해야 한다. 자기에게 필요하지만 스스로 만들수 없는 모든 것을 다른 사람들로부터 얻어야 한다. 알아야 할 것들과 아직 알지 못하는 것들은 다른 사람들에게서 배워야 한다. 서로가 없이는 아무것도 알 수 없다." (아브람 더 스반, 『함께 산다는 것』)

인간은 상호 의존적 존재다. 실제로 인간은 서로가 없이는 아무것도 할 수 없고, 아무것도 알 수 없다. 하지만 상호 의존성 혹은 의존적 관계 자체는 가치중립적 현상이다. 상호 의존성에 대한 인식이 타자에 대한 고마움과 타자지향적 공감으로 나타날 때, 상호 의존성은 평화의 근간이 된다. 인간의 원천적 상호 의존성에 대해 통찰한다면, 이웃의 삶에 무관심하기가 더 어렵다. 각종 정책도 상호 의존성을 인식하고 상호 공조 형태도 구현되었으면 좋겠다고 기대하게 된다. 정책이나 제도가 그에 미치지 못할 경우 비판적 안목으로 현실에 참여하며, 인간의 상호 의존성을 간과하지 않도록 시도하게 될 것이다. 이렇게 의존하며 살아갈 수밖에 없는 존재라는 사실을 통찰하는 이는 자신을 살아가게 하는 어떤 힘에서 생명력을 느끼며, 이것이 사람에 대한 공감과 평화적 인간 관계로 나타나는 것이다. 그러고 보면 사람들 사이의 공감은 사람들의 상호 의존성이 내면화되는 데서 오는 자발적이고 성숙한 태도라고 할 수 있다.

5. 활사개공의 평화

이러한 공감이 폭력을 축소하고 평화를 구축하는 근간이다.
공감으로 인해 나와 너, 사회 전체가 생명력을 얻어 간다. 개인
과 사회 모두가 평화로워지는 것이다. 물론 평화가 폭력을 줄여
가는 과정이라고 할 때, 그 폭력이 줄어드는 경험을 하는 주체는
자기 자신이다. 그래서 평화의 근간은 개인의 평화, 특히 내면의
평화다. 그렇지만 폭력이 구조적이고 복합적이며, 타자가 누구
라도 폭력으로 고통당하고 있는 한, 개인의 평화라는 것은 있을
수 없다.

여객선 '세월호'가 침몰해 수백 명의 어린 학생들이 차가운 바
다에 수장되다시피 했는데도, 도대체 왜 그런 엄청난 사건이 발
생했는지 여러 해가 지나도록 규명되지 않고 있다. 이런 상황에
유가족이 아니라는 이유로 마치 아무 일도 없던 양 평화롭게 있
을 수는 없는 일이다. 후쿠시마에서 핵발전소가 폭발하고, 북한
에서 핵실험을 하는데, 한국이 평화롭다는 것은 어불성설이다.

미국과 중국이 서로를 견제하며 아시아에서 패권을 강화해 나가는데, 그 한복판에 있는 한반도가 평화로울 수도 없다. 그 와중에도 누군가 평화롭다면, 그것은 어느 개인의 자기 도피성 위안 정도일 것이다.

사회적 평화 없는 개인의 평화란 불가능하다. 사회성이 결여된 개인의 평화는 결국 부메랑이 되어 개인의 평화를 침식한다. 그리고 개인의 평화를 희생시킨 사회적 평화란 모래 위의 집보다 위태하다. 언어도단이자 폭력이다. 요약하자면, 평화학에서 말하는 평화는 개인을 살리면서 공적 영역을 열어 주는 평화, 공공철학자 김태창의 언어로 하면 '활사개공(活私開公)'의 평화여야 한다는 뜻이다.

공공성과 관련해서는 개럿 하딘(G. Hardin)의 알려진 글 '공유재의 비극(The Tragedy of the Commons)'을 떠올려 봄 직하다. 이 글은 공적 영역의 중요성을 일깨워 주는 글이다. 이 글의 요지를 각색하면 이렇다. 어떤 마을에 오랫동안 내려오는 공동 우물이 있었다. 특정인의 소유가 아니어서, 마을 사람이면 누구든 물을 가져다 먹을 수 있었다. 그런데 누군가 그 우물의 물을 식수만이 아니라 농업용수로도 쓴다 해보자. 개인에게는 당장 득이 될 것이다. 하지만 그러면 다른 이들도 자기만 손해 볼 수 없다며 너도 나도 따라 하게 될 것이다. 그러면 그 우물은 금방 마르게 될 것이다. 결국 대대로 이용해 오던 우물은 고갈되고 모든 이는 식수조차 얻지 못하는 일이 벌어질 것이다.

이상은 '공유재의 비극' 원문을 한국식으로 각색한 것이다. 하딘이 말하려는 요지는 '지하자원, 초원, 공기, 호수에 있는 고기와 같이 공동체 모두가 사용해야 할 자원은, 사적 이익을 주장하는 시장의 기능에 맡겨 두면, 이를 당 세대에서 남용하여 자원이 고갈될 위험이 있다.'는 것이다. 공적 영역에 있는 것을 개인의 욕망에 기반한 시장논리로 맡겨 두면 결국 공멸할 테니, 공적 영역에서 관여하거나 관계자들의 합의를 통해 사용을 제한해야 한다는 취지의 글이다.

물론 공적 영역에서의 개입이 사적 영역을 죽이는 형태로 가서는 곤란하다. 개체에 대한 전체 우선주의와는 다른 차원에서 사적 영역과 공적 영역이 모두 살아나야 한다는 것이다. 이와 비슷한 문제의식 속에서 서양에서는 아렌트(H. Arendt)와 하버마스(J. Habermas) 같은 이들을 거치면서 공공성(publicness)에 대한 재해석이 일어나기 시작했다. 동아시아에서도 일본 학계를 중심으로 공공성에 관한 다양한 자료들이 여럿 출판되고 있다.

이를 통해 형성되고 있는 공공성 담론의 요지는, 개인적 자유주의가 이룩한 사적 권리가 건강한 시민적 공공성으로 나아가도록 해야 한다는 것이다. 그러면서도 공적 영역(公)을 명분삼아 개인을 쉽게 도구화하지 않고, 사적 존중(私)의 가치를 되살려 공과 사가 상생하는 공공 영역을 확장시켜 나가야 한다는 데 초점이 모인다. 간단히 전술했듯이, 김태창의 언어로 하면, 멸공봉사(滅公奉私)도 아니고 멸사봉공(滅私奉公)도 아닌, 활사개공(活私開公)으로서의 공공성을 확보해야 한다는 것이다.

공공성이라는 말의 쓰임새는 다양하지만, 평화 연구에서 관심을 두어야 할 공공성은, 위에서 본 것처럼, 사(私)가 이기적 자유주의나 집단적 전체주의에 함몰되지 않고 타자와의 수평적 관계 맺음을 통해 건강한 공(公)의 영역을 확보해 가는 과정과 내용이라고 할 수 있다. 집단과 개인, 자아와 타자, 주관과 객관, 강자와 약자, 주류문화와 비주류문화, 중심과 주변을 이분법적이지 않은 상생적 관계의 차원에서 볼 때, 건강한 공공성의 세계가 확보된다는 것이다.

이러한 공공성은 앞에서 표현대로 '공감'으로 인해 확보되고 확장된다. 공적 기구의 개입이나 당사자들의 합의과정을 법으로 강제하기 이전에 어떤 상황이나 사태에 대한 공감적 인식이 더 중요하다. 공감적 인식, 특히 타자지향적 공감에서만 개입과 합의가 인간의 얼굴을 하게 되고, 다름의 공존, 타자와의 공생이 확보된다. 평화가 집단과 국가 간 조약에 근거하고 법적 통제에 기반하고 있는 것이 여전한 현실이지만, 인간이 조약에 종속되는 한, 인간은 평화의 주체가 아니다. 그곳에 인간의 얼굴은 없거나 희미하다. 법적 견제나 법적 조항문의 강제성을 넘어 인간의 기초적인 능력과 가치인 '공감의 네트워크'를 형성해 가야 한다.

이반 일리히(I. Illich)가 40여 년 전에 제안한 공생(conviviality)은 최근 논의되고 있는 공공성의 가치와 목적을 앞당겨 보여 준 것으로 평가된다. 그가 말한 공생은 사람들 간의 상호 의존성 안에서 개인의 자유가 실현되는 과정이다. 평화라는 주어보다는 평화를 수식하는 다양한 술어들의 세계가 경험적 평화의 내용을 구성하고 있듯이, 공감 혹은 공감적 공생은 상호 의존성에 따른 다양성을 긍정하는 형태로 나타난다. 공감이야말로 평화학이 구현해야 할 가치다.

6. 공존과 비빔밥 평화

여기서 성찰 없는 자기중심적 태도의 폭력성을 되돌아보아야 한다. 안정과 보호를 법적 강제와 견제에 맡겨 놓으면 당장의 물리적 폭력은 억제할 수 있지만, 평화에 인간의 얼굴은 희박해진다. 평화의 불안정성도 지속된다. 이를 해결한다며 특정한 평화 개념을 절대화하고, 그 방법론을 단일화하는 것도 위험하다. 그런 행위 자체가 폭력의 동인이 되기 때문이다. 획일적 기준으로 자기집단성을 강화해 나간다면, 그 집단의 경계 밖에 있는 이들에게 이것은 폭력으로 작동한다. 타자는 실종되고 '나'만 남는다. '너'는 나에 대해 비인격적 그것(it), 즉 사물이 되고 만다.

평화는 다양성의 공존이다. 공존, 즉 더불어[共] 존재하는[存] 행위가 평화이며, 그때 평화의 주체는 더불어 있는 모든 것들이다. 이들이 공동의 주체다. 가령 나와 네가 더불어 형성하는 공동의 주체가 '우리'이다. '우리'는 다양한 '나들(Is)'의 단순한 합집합이 아니다. '우리'는 개체들 하나하나가 살아나면서도 공통성의 공유를 통해 승화된 공동주체이다. 밥, 나물, 채소, 고기, 갖은 양념들이 저마다 굳어진 자기동일성에 머물지 않고, 상호 수용과 조화를 통해 개별적 자기정체성을 뛰어넘을 때, 맛있는 비빔밥이 되는 이치와 같다. 비빔밥은 '우리'의 존재원리를 비유적으로 설명해 준다. '우리'에는 우리를 구성하는 개체들과 이들이 같이할 공통의 그 무엇이 담겨 있다. 이 책의 주제와 연결 짓자면 그것은 평화다.

물론 평화는 순수하지 않다. 그것은 다양한 평화들이 공존하는 형태로 존재한다. 따라서 본질적 순혈주의도, 순수한 개인주의도, 절대적 객관주의도 불가능하다. 평화주의자라면 이런 식의 입장들에 대해 저항해야 한다. 에드워드 사이드(E. Said)도 이와 관련한 문제의식을 강하게 가지고 있었다.

> 진정성이나 토착성의 우위를 주장하는 순수혈통 중심의 문화 전통이 이제는 매우 명백한 오류일 따름이며, 오도된, 이 시대의 근본주의적 이데올로기라는 점입니다. 이러한 이데올로기에 여전히 매달려 있는 이들은 곡해자이며 환원주의자, 근본주의자이자 거부자이며, 이들의 교리는 그들이 생략하고 모욕하고 악마화하고 비인간화했던 점에 대해 아마도 인문주의적 견지에서

비판받아야만 할 것입니다(에드워드 사이드, 『저항의 인문학』).

그러면서 사이드는 문화들 간 공존의 모델을 제공하는 것이 인문학자의 의무라고 말한다. 단지 문화들만의 문제가 아니라 평화들의 문제이기도 하다. 전술했듯이, 평화들의 공존이 평화이기 때문이다. 평화에 본질이 있다면, 그것은 공존이라는 동적 형태로만 드러난다. 공존이 폭력의 축소이자 평화의 구축이다. 특정 평화를 내세우는 순간, 그것이 도리어 평화를 축소하거나 삭제한다. 서구중심주의가 탈서구 혹은 반서구적 자민족중심주의로 이어지고, 오리엔탈리즘적 사유가 옥시덴탈리즘적 사유를 낳으면서 지속적으로 갈등을 노정하고 있는 것도 그러한 사례다. 한 가지 입장을 따라 하다가 그 한 가지 안에 타자를 흡수시키는 행위가 타자를 죽이는 폭력으로 나타나는 것이다.

그렇다면 순혈주의 혹은 분리주의의 근원을 탐색하면서 공존의 모델을 찾아가는 일이 인문학의 지속적인 과제가 된다. 이 과제를 수행해 가는 과정의 지향점이자 종착점을 한마디로 요약하면 평화가 된다. 평화는 폭력을 줄여 인간 간 상호 의존성을 확보하고 서로가 서로를 살리는 힘이 된다는 의식을 확장하며, 실제로 서로를 살리는 과정이기 때문이다. 다양한 재료들이 재료

고유의 성질과 함께 그 이상의 맛으로 승화되는 비빔밥은 평화의 모습을 잘 보여 준다. '비빔밥 평화'는 평화인문학의 이상과 자세를 비유적으로 함축한다. 공감에 기반한 공존이 평화의 다른 이름이며, 공감적 공존은 평화에 대한 인문학적 연구의 근간이다.

7. 참여적 객관화

공감적 공존은 평화의 다른 이름이다. 그렇다고 해서 공감 자체를 이 책의 주제로 삼으려는 것은 아니다. 평화를 인문학적으로 정립하려는 이 책의 입장에서 보건대, 어떤 학문이든지 학문은 공감이라는 내적 능력만으로 되지는 않는다. 힘들어 하는 이들에 대한 측은지심 같은 것이 연구자의 유의미한 추진력이 되지만, 측은지심이나 긍휼만으로는 설득력 있는 연구가 나오지 않는다. 공감 없는 연구는 그저 소음뿐일 수 있지만, 공감력과 함께 연구자 자신도 비평화적 상황에 처해 있음을 주관적으로 인식해야 한다. 그러면서도 그러한 상황에서 다시 한 걸음 물러나 자신이 처한 상황을 객관화시킬 수 있어야 한다. 부르디외의 '참여적 객관화'라는 말은 이것을 잘 말해 준다.

가령 평화연구자라면 스스로를 폭력적 상황 속에 참여시키면서 동시에 그 폭력적 상황을 객관화시켜 더 많은 이들로 하여금 폭력적 상황에 눈뜨게 해야 한다. 연구자 스스로 폭력적 상황에 참여한다는 것은 좁은 의미에서는 폭력을 줄이도록 시위나 데모를 한다는 뜻일 수도 있다. 그러나 그보다 더 근본적인 것은 폭력적 상황의 이유와 그로 인해 발생한 아픔에 대한 공감이다.

실제로 이른바 악이라는 것도 어디선가 발생하는 아픔을 직·간접적 관계자들이 외면하면서 구체화된다. 바우만(Z. Bauman)과 돈스키스(D. Donskis)가 말하듯이, '오늘날 악은 누군가의 고통에 제대로 반응하지 못할 때, 타인에 대한 이해를 거부할 때, 말 없는 윤리적 시선을 외면하는 눈길과 무감각 속에서 더 자주 모습을 드러낸다.'(지그문트 바우만 외, 『도덕적 불감증』)

물론 연구자가 그렇게까지 할 필요가 있는지 반문할 수도 있다. 일일이 참견하면서 어떻게 진지한 연구의 시간을 가질 수 있겠느냐는 이유에서다. 게다가 폭력의 원인을 특정하기도 힘든 마당에 누구의 고통에 대해 공감할 것이며, 누구를 변호할 것인지도 알 수 없는 일이라고 말할 수도 있다.

그럼에도 불구하고 어딘가 폭력이 있고, 앞서 말한 대로 폭력의 축소가 평화라면 평화학자는 폭력적 현장을 외면해서는 안 된다. 종교철학자 존 힉(J. Hick)도 악의 문제에 대해 글을 쓰는 자신의 입장을 이렇게 정리한 바 있다. '악이라는 문제에 관해 무언가 쓴다는 것은 어떤 한 사람의 믿음에 심각한 도전이 되는 일들에 대해 수동적인 침묵을 택하지 않는다는 것을 뜻한다. … 나는 해가 되지는 않지만 그렇다고 도움이 되지도 않는 … 불가지론의 쉼터에서 쉬기보다는 차라리 말을 많이 하는 위험을 감수해야 한다고 생각한다.' (존 힉, 『신과 인간, 그리고 악의 종교철학적 이해』)

악의 문제에 대해 수동적인 침묵을 택하지 않는다는 말이나, 차라리 말을 많이 하는 위험을 감수하겠다는 말 속에 '참여적 객관화'의 자세가 묻어난다. 고통스러운 현실에 대한 학문상의 공감적 태도이기도 하다. 침묵보다는 참여가 학문의 진정성 혹은 실천성을 확보하는 길이다. 참여하되, 연구자의 일방적 개입의 자세가 아니라, 자신을 제한하면서 연구의 대상과 주체의 긴밀한 상관성을 전제할 때, 학문적 성찰의 진정성이 확보된다는 말이다.

참여한다고 해서 타자를 자신 안에 흡수시켜 버리는 것은 아니다. 도리어 타자를 타자로 인정하는 데서 공감도 나온다. 일종의 '타자와의 거리 두기'다. 한병철에 의하면, 타자와의 거리를 자기중심적으로 축소시켜 기준을 자신 안에 두려는 자세는 도리어 타자를 실종시키는 폭력으로 작용한다. 그에 의하면, 오늘날 디지털 문명이라는 것은 타자와의 거리를 최대한 자기 쪽으로

끌어오려 하고, 타자와의 거리를 파괴시킨다. 그러나 그럴수록 도리어 아무것도 얻지 못한다. "거리의 파괴는 타자를 가까이 가져오기는커녕 오히려 타자의 실종으로 귀결된다." (한병철, 『에로스의 종말』)

근본주의가 텍스트를 타자로 남겨 두지 않고 자기화하면서 폭력적 속성을 드러내듯이, 그리고 판단의 기준을 자신 안에 두면서 타자에 대한 폭력이 구체화되듯이, 비인간화한 오늘의 문명은 사실상 타자와의 거리를 자기중심적으로 파괴시키는 것을 당연한 듯 요구한다. 이러한 때일수록 타자의 차리에 참여해 타자의 눈으로 자신을 다시 보는 공감의 자세, 부르디외의 표현으로 하면 '참여적 객관화'의 자세가 평화에 인간의 얼굴을 입힌다. 그곳에서 '평화학'은 '평화인문학'이 된다. 인간의 얼굴이 없는 평화학을 평화학이라 규정할 수도 없겠지만, 다양한 시각을 수용하며, 인간에 의한, 인간을 위한, 인간의 평화를 이루는 연구를 해야 한다. 그것이 평화인문학이다.

II

인간적인 평화와
평화인문학의 길

평화는 저절로 주어지지 않는다. 공동묘지의 고요함은 평화가 아니다. 평화도 저항의 산물이다. 저항하되, 기존의 폭력을 줄이거나 새로운 폭력으로의 연결고리를 끊는 저항이 평화로 이어진다. 2015년 11월 프랑스 파리에서 지구 온난화를 염려하며 기후변화 방지 협약의 타결을 요청하는 국제 시민운동가들의 '신발 늘어놓기' 시위 장면이다.

제1장 | 동서양의 평화론

1. 평화의 개념화 과정

도입부에서 이야기했듯이, 좁은 의미에서 평화는 물리적 폭력이 가해지지 않는 영역이자 상태다. 하지만 물리적 폭력에 직접 노출되어 있지 않다고 해서 평화가 온전히 이루어진 것은 아니다. 가령 신약성서에 '힘센 사람이 무장하고 자기 궁전을 지키는 동안 그의 소유는 평화 안에 있습니다.'(엔 에이레네, 누가복음 11:21)라는 말이 있다. 이때의 평화는 어떤 힘에 의해 보호받는 데서 오는 안정감 같은 것을 의미한다. 독일어의 Friede나 영어의 peace도 대체로 이런 관점에서 사용되어 왔다. 그동안 서구에서 진행되어 온 평화학(peace studies)도 말은 '평화 연구'이지만, 실제로 이때의 평화는 힘센 사람이 지켜줄 때의 일시적 안정상태 정도에 머문다. 그러한 안정을 가능하게 하는 조건에 대한 연구가 주류를 이루어 왔다. 일시적 안정상태 그 자체보다는 힘센 사람이 무장하고 자기 궁전을 지켜야 하는 상황, 다시 말해 상존하는 폭력적 상황의 원인을 탐색하고 그 중지를 위한 정치·사회적 상황이 평화학의 더 큰 연구대상이었다. 더 큰 힘과 그보다 작은 힘 사이의 정치적 역학관계, 이들 힘이 어떻게 견제와 균형을 이루어 물리적 충돌이 벌어지지 않게 할 것인가 등에 연구의 초점을 두어 왔다.

더 구체적으로 말하면, 유럽에서는 평화를 구체적 파괴행위를 제한하고 지양하는 과정으로 이해해 왔고, 이를 위해 국가 간에 파괴를 제한하는 '평화 조약(pactum pacis)'이 중요한 역할을 담당해 왔다. 국가 간의 평화는 상호 안전을 보장하는 '조약'의 토대 위에서만 생각할 수 있는 것이었다. 국가 간 세력들 사이에 상호 조약을 맺어 상호 견제할 수 있게 하고, 이를 통해 물리적 충돌을 제한하는 데서 오는 평화 상태는 사실상 평화 조약의 기반 위에서만 가능했다. 특히 칸트가 『영원한 평화를 위하여』에서 국제 조약으로 전쟁을 막고 평화를 이루는 조건을 확보해야 한다고 주장한 이래, 유럽에서 평화는 점점 더 법적인 개념이 되어 간 것이다.

동아시아 문화권에서도 평화라는 말은 이런 식의 국가 간 파괴행위의 제한 차원에서 수용되어 왔다. 물론 처음부터 그런 의미였던 것은 아니다. 한국인에게 평화는 오랫동안 평온함, 안온함, 화목함, 고요함, 차분함 등의 의미였다. 일본도 크게 다르지 않았다. 그렇지만 독일어 '프리데'나 영어 '피스'가 일본어 '平和'로 번역되던 즈음, '평화'는 점차 조약 혹은 국제법을 통한 정치적 차원의 안보를 의미했다. 일본의 기타무라 도코쿠(北村透谷)가 유럽 기독교 평화주의에 영향을 받으면서 '日本平和會'를 창설하고(1889), 기관지 『平和』를 창간했을 때는 심정적이고 도덕적 가치를 중시했지만, 영어 peace의 용례에 영향을 받으면서 점차 국가 간의 정치적 관계에 적용되었다.

한국에서도 평화에 대한 정치적 감각과 그 토대는 당시 조선을 국제질서 속에 편입시켜 서로를 견제하면서 열강들의 피해를 피해 가려는 외교적 전략 속에서 형성되었다. 가령 미국의 국제법학자인 헨리 휘튼(H. Wheaton)의 『Elements of International Law』가 『萬國公法』으로 한역된 이후(1864), 당시 조선에서는 자국을 '만국공법', 즉 '국제법'의 질서 안에 포함시켜서 국가안보를 확보해야 한다는 정서가 생겨났다. 「독립신문」(1896-1899)에서 평화라는 말이 사용되었을 때도 조선의 평화는 국제법을 따르는 데서 지켜질 수 있다는 정서가 강했다. 한국에서 평화는 대체로 힘에 의한 보호와 그로 인한 안전을 의미하는 정치적 평화였다는 뜻이다. 정치 사회적 차원에서 국가적 생존을 도모해야 하는 한국의 상황에서 필연적인 일이었을 것이다.

2. 정의의 구현과 대동사회

물론 국내외적으로 이런 식의 평화론만 있었던 것은 아니다. 보호와 안전이 영구적이었으면 좋겠다는 상상도 지속되어 왔다. 유럽에서는 정치·사회적 보호의 차원을 넘어 영원한 평화를 추구하기도 했다. 평화를 세속적 질서에만 맡겨서는 곤란하다는 사상가들의 반성적 통찰과 폭력을 넘어 이루어야 할 평화의 내적 의미에 대한 탐구가 병행되어 왔다. 라틴어 pax에 대한 기독교적 이해가 대표적이다. 신학에서의 팍스(pax)는 우주적 질서 혹은 원리에 가까웠다. 지속 가능한 평화를 상상하고 평화를 우주적 차원에까지 연결 짓게 되는 이유는 세속적 평화의 한계를 절감하기 때문이다. 깨지기 쉬운 일시적인 평화로 신에 관한 탐구의 근간을 삼을 수는 없었기 때문이라고도 할 수 있다.

그렇게 신학에서는 우주적 질서 혹은 신적 원리의 개인적 혹은 사회적 구체화를 지향하는 평화론을 추구했다. 그 구체화를 정치·사회적 차원에서 소극적으로 표현하면 '물리적 폭력의 중지'지만, 종교·윤리적 차원에서 적극적으로 표현하면 '정의의 실현'이 된다. 전술했듯이, 평화를 정의의 구현으로 규정한다고 해서 평화가 온전히 서술되었다고 할 수는 없지만, 그렇다고 해서 평화를 정의와 연결시켜 살펴보는 작업이 무의미한 일만도 아니다. 「제2차 바티칸 공의회 문헌」에서 '평화는 전쟁 없는 상태만도 아니요, 적대세력 간의 균형 유지만도 아니며, 전제적 지배의 결과도 아니다. 정확하게 말해서 평화는 정의의 실현이다.'라고 했듯이, 기독교에서는 오랫동안 평화를 정의의 현실화 차원에서 해석해 왔다. 정의가 구현되는 과정에서 평화의 구체적인 모습을 보아 왔다. 아우구스티누스의 규정처럼, 정의가 모든 사물을 그에 걸맞은 자리에 배치시키는 능력이라면, 정의는 세속적 질서가 신적 질서와 균형이 잡힐 때 이루어지는 것이기도 하다. 온건한 기독교 신학자 존 스토트(J. R. W. Stott)의 『균형 잡힌 기독교』(Balanced Christianity)에 따르면, 신의 뜻(구체적으로는 성서)에 맞게 균형 잡힌 삶이 정의라는 의미이기도 하다.

하지만 성서적으로 균형 잡힌 삶이 구체적으로 무엇을 말하는지 규명하기는 쉽지 않다. 종교라는 것이 추상적으로 순수하게 존재하는 것이 아니라, 구체적 삶의 현장 안에서 민족적, 정치적, 경제적, 윤리적, 예술적, 과학적 삶과 연루되어 있는 복합적 실재이며, 종교만의 순수한 경계를 별도로 확정하기도 힘들기 때문이다. 신의 뜻에 맞게 균형 잡힌 삶이라는 기독교적 정의도 현실에서는 법률적, 사회적 기준에 어울리게 확립되는 것일 수밖에 없다. 영원한 평화, 신적 정의의 구현으로서의 평화도, 신학적 이론과는 달리 인간과 인간 사이에, 여러 세력들 사이에 균형이 유지되는 방식으로 현실화된다. 아무리 하늘의 언어로 설명한다 해도 인간의 복잡하고 구체적인 삶을 떠나서 평화를 이야기할 수는 없다는 말이다. 신적인 언어의 저변에도 인간의 삶과 사회적 질서가 특정한 힘에 치우치지 않고 더 인간다워졌으면 좋겠다는 기대와 희망이 반영되어 있는 것이다.

이러한 정의 구현으로서의 평화는 서양에만 있던 개념이 아니다. 동아시아에도 이와 유사한 평화관이 오랫동안 전승되어 왔다. 폭력의 중지라는 세속적 평화론, 신적 정의의 구현이라는 종교적 평화론의 구조는 동아시아에서도 비슷하게 확인된다. 가령 『예기』(「예운」)에는 '소강(小康)'이라는 말이 나온다. 소강은 백성이 예와 법으로 다스려져서 적어도 겉으로는 별 문제가 없어 보이는 상태를 의미한다. 이것은 폭력의 중지로서의 평화 개념에 가깝다고 할 수 있다.

나아가 대도(大道)가 행해지는 상태를 '대동(大同)'이라 표현하고 있다. 모사가 없고 난리가 없어서 '바깥문을 닫아 두지 않아도 되는 상태가 대동(外戶而不閉是謂大同)이라'는 것이다. 이러한 대동은 정의가 구현된 상태에 가깝다. 유엔개발계획(UNDP) 인간개발보고서의 정책적 표현을 빌리면, '대동'은 인간 개개인의 삶의 질이 보장된 인간안보(human security)의 상태와도 상통한다고도 할 수 있다.

'폭력의 중지와 소강, 정의의 구현과 대동은 동 · 서양이 평화와 관련해 비슷한 기대를 가지고 유사한 사유를 해왔다는 증거이기도 하다. 서양식 정의 구현과 동양식 대동 실천이 전적으로 동일하다고 할 수는 없어도, 동 · 서양 사람들이 평화를 정의와 안보 혹은 안전과 연결시켜 상상해 왔다는 사실은 분명하다. 그리고 그런 정의와 안보 혹은 안전에는 인간을 위한 인간적인 평화에 대한 기대와 희망이 들어 있다. 평화에 대한 연구가 인간성을 담보하고 인간의 얼굴을 한 연구여야 하는 이유도 여기에 있다. 이러한 요청에 좀 더 집중하는 인문학이 이른바 평화인문학인 것이다.

그렇다면 평화인문학은 평화학과 다른 것인가. 다르다면 무엇이 다른가. 이 즈음에서 평화를 인문학적으로 연결시키는 작업, 즉 평화인문학에 대해 구체적으로 정리해 보자.

제2장 | 인간다움을 위한 학문

1. 휴머니티스, 서양의 지성적 인문주의

평화인문학은 평화에 대한 인문학적 연구이다. 이때의 인문학이라는 말은 영어 Humanities의 번역어 차원에서 사용된다. 우리 전통에서도 인문(人文)이라는 말은 중요했지만, 근대에 들어 통용되는 인문학은 Humanities의 의미를 더 많이 지니고 있다. Humanities가 인문으로 번역되면서 우리말 인문학의 개념 안에는 서양과 동양의 전통이 동시에 들어가게 되었다.

Humanities가 인간성 혹은 인간다움을 의미하는 Humanity의 복수형이라는 사실에서 알 수 있듯이, 그 번역어인 우리말 인문학도 넓은 의미에서 인간성 혹은 인간다움을 다루는 다양한 학문 영역들을 의미한다. 인간답다는 것은 무엇이며, 그 기초는 어디에서 찾을 수 있는가. 간단한 질문이 아니지만, 아니 어쩌면 너무나 간단하기에 답하기 힘든 질문이지만, 일단 헤겔의 '대자(Für sich)' 개념에서 인간다움의 실마리를 찾아볼 수 있겠다.

헤겔(G. W. F. Hegel)에게 '대자'는 자기 부정적으로 타자와 맺는 관계를 의미한다. 자신을 부정하거나 제한해 타자를 수용하는 자세라고 할 수 있다. 그에 비해 타자 개념이 없거나 타자에 무관심한 상태를 '즉자(An sich)'라고 한다. 사르트르(J. P. Sartre)는 그 연장선에서 인간을 '대자존재'로 규정했다. 인간은 스스로[自]를 대상화[對]할 줄 아는 존재라는 뜻이다. '자기 대상화'는 자기가 자기를 인식하는 행위다. 이러한 '자기 인식'이 인간을 인간 아닌 것과 구분 짓는 가장 근본적인 행위다. 자기가 자기를 대상화한 것이기에 대상화한 자기 안에 주체로서의 자기가 들어 있다. 이런 방식으로 자기와 타자의 관계를 인식한다. 타자를 자기 인식의 조건으로 삼으면서 타자를 수용하는 자세가 인간적 속성의 기초이자, 이 기초에 대한 인문학적 탐구의 출발지가 된다. 자기 객관화, 자기 성찰, 자기 비판 등도 모두 이와 상통하는 개념이라고 할 수 있다. 박이문이 인문학의 통합성을 강조하며 말했듯이, 인문학은 자기 인식 혹은 자기 대상화 행위가 만들어 낸 문학, 예술, 역사, 종교, 철학 등의 자료들을 통해 인간다운 속성을 두루 탐구하는 학문이라고 할 수 있다.

물론 인문학은 개인의 인격성에 대한 탐구에 국한되지 않는다. 인간다움은 한 인격이 다른 인격을 대하는 자세로도 표현된다. 인간다움은 인격들의 관계, 즉 여러 인격들이 만들어 내는 사회성으로도 표현된다. 인간은 사회적 혹은 공동체적 존재이고, 관계적이고 복합적 존재이며, 따라서 인간다움을 다루는 인문학도 다양한 차원에서 연구해야 할 복합학일 수밖에 없다. 서양의 고전 인문학이 본래 문법, 수사학, 논리학, 수학, 기하학, 천문학, 음악 등으로 이루어진 학제적이고 포괄적인 연구였듯이, 오늘날의 인문학도 인간다움의 개체성과 사회성을 상호적으로, 나아가 상생적으로 파악하기 위한 종합적 연구여야 한다.

동시에 인간다움의 특징이 자기 인식, 자기 대상화, 자기 성찰에 있듯이, 인문학 역시 기존의 인문학이 더 인간적인 혹은 인문적인 것이 될 수 있도록 교정하는 과정을 포함한다. 인문학은 오해되고 오독된 과거를 다양한 자료들을 통해 반성적으로 되묻고, 인간다움이 참으로 인간다운 것이 되도록 구체적으로 교정해 나가는 현재적 작업이라고 할 수 있다. 이와 관련하여 사이드는 이렇게 말한다.

> 인문주의는 … 인문주의의 목적인 해방과 계몽에 쏟은 인간 노동과 에너지의 산물들, 더 중요하게는 집합적 과거와 현재에 대한 인간의 오독이나 오해 등을 비판적 검토의 대상으로 만드는 것입니다. 교정되거나 개선되거나 전복될 수 없는 오해는 없었

습니다. 다시금 반추해 그 고통과 억압을 마주했을 때 온정적으로 이해될 수 없는 역사도 없었습니다. 반대로 폭로하고 해명하고 비판할 수 없는 수치스럽고 비밀스런 불의나 잔인한 공동체적 형벌, 명백한 제국의 지배 계획과 같은 것도 없었습니다. 이 모든 것은 인문학 교육의 중심에 있습니다. (에드워드 사이드, 『저항의 인문학』)

인간다움이 자기에 대한 비판적 인식에 기반한 타자 긍정과 관계되어 있다면, 인간다움을 탐구하는 인문학이 다양한 인격들의 조화로운 공존의 상태를 지향하는 것은 자연스럽다. 역으로 공존을 거부하고 분리를 야기하는 근본 원인에 대해서도 비판적으로 탐색한다. 평화는 분리가 아니라 공존의 상태이자 공생의 삶이기 때문이다. 분리는 폭력의 다른 이름이다.

가령 '분리주의자'라는 의미를 지니는 고대 유대교의 '바리사이'가 율법적 신성함 혹은 순수성을 유지하고자 부정한 것과의 '분리'를 삶의 원칙으로 준수했지만, 그 과정이 낳은 것은 분리된 것들에 대한 폭력과 죽임이었다. 법 조항을 신성화시키면서, 피치 못하게 법을 문자 그대로 따를 수 없거나 따르지 않는 이들은 신의 이름으로 공동체에서 분리시켰다. 순혈주의가 분리를 정당화했고, 신적 순수성을 확보하려던 시도가 타자에 대한 폭력과 죽임으로 이어졌던 것이다. 법 조항 자체보다는 법적 정신을 구현하려던 예수를 사형이라는 수단으로 사회에서 분리시키게 된 것도 그런 맥락에 따른다.

　개인의 인간다움을 보장하고 사회의 인간화를 위한 학문적 시도는 인문학의 근간이 된다. 사이드가 적극적으로 요청하듯이, 비인간화시키는 현실에 대해서는 폭로하고 비판하고 교정하기 위한 저항을 해야 한다. 평화가 인간의 경험적 내용이고, 그 경험의 지향점이 인간다운 삶에 있다면, 평화인문학은 그렇지 못한 현실을 비판적으로 검토하고, 그 안에 인간다움을 담는 저항적 실천의 영역이기도 한 것이다. 이것이 서양적 Humanities의 내용이라고 할 수 있다.

2. 人文學, 동양의 도덕적 인문주의

이와 같은 Humanities가 한자문화권에 인문학이라는 언어로 소개되면서 그 개념도 정립되어 오고 있다. 한국에서도 인문이라는 말은 중요했지만, 근대적 의미의 인문학은 서양적 Humanities에 빚지며 형성되었다. 그렇다고 해서 Humanities와 인문학이 어원적으로 단순히 동일하기만 한 것은 아니다. 동양적 혹은 한국적 인문학을 위해서라도, 인문(人文)이라는 말과 개념이 언제, 어떻게 형성되어 온 것인지 물어야 한다. 특히 인간혹은 인간다움에 대한 한국적 이해, 즉 한국인의 인문학이 인간의 경험치로서의 평화 개념과 결합되면서 한반도발 평화인문학의 기초가 성립되는 것이라면, 먼저 인문이라는 한자어의 의미도 정리해 볼 필요가 있다. 한자문화권에서 인문은 언제, 어떻게 사용되어 온 언어일까.

인문 혹은 인문학은 영어 휴머니티스(Humanities)에 단순히 대응하지 않는다. 人文學과 Humanities의 개념사는 다소 달랐다.

서구에서 Humanities가 대체로 '지적 성찰'에 초점을 두고 있다면, 한자문화권에서 인문은 '도덕성'에 초점을 둔 언어다. 도덕은 타자를 자신의 감정에 비추어 윤리적으로 대하는 자세다. 그런데 이런 도덕성의 원천은 하늘에 있으며, 따라서 하늘의 성품과 통한다고 보았다. 도덕성을 하늘과 연결 짓고자 했다는 점에서는 서양과 어느 정도 비슷한 구조를 지닌다. 서구 기독교 문화권에서 평화를 가능하게 해주는 조건인 인간다움을 신적 질서로서의 pax와 연계했듯이, 동아시아에서도 인문은 천문과 대비되는 사용되어 왔다. 인간의 무늬[人文]는 하늘의 무늬[天文]와 조화를 이루는 개념이었다.

가령 『주역』에는 '천문을 살펴서 시간의 변화를 관찰하고, 인문을 살펴서 천하를 화성(化成)한다.'는 말이 있다. 이때 천문이 별자리의 운행 법칙과 같은 것을 의미한다면, 인문은 자연 안에 주어진 삶의 조건을 변화시켜 바람직한 인간 세상을 만들어 가는 문화적 활동을 의미한다. 물론 이 인간적 혹은 문화적 활동은 궁극적으로 우주 자연의 무늬에 상응해야 한다는 전제가 들어 있다. 그런 점에서 한자문화권에서 인문 활동은 인도(人道)가 천도(天道)에 상응토록 구체화시키는 작업이다.

중국을 비롯한 동아시아에서 인문 정신을 구체화시켜 온 대표적인 전통은 유학이다. 공자의 지속적인 관심사도 어떻게 하면 혼탁한 세상에서 인간다움을 성취할 수 있는가에 있었다. '나이 오십에 천명을 알았다[知天命].'고 하듯이, 공자는 천명의 구현을 위해 인생을 살아왔다. 인간의 본성, 즉 인간다움은 하늘로부터 비롯되며, 하늘의 본성을 닮았다고 보았다. 인간다움을 구현한 군자는 마음 바탕[質]에 인(仁)과 의(義)를 갖추고 이 바탕을 예(禮)라는 문화적 형식을 통해 구현해 가는 사람이다. 공자는 반(反)인문적 상황을 비판하면서, 군자라는 이상적 인간을 추구하는 인문주의를 지향했다.

맹자는 공자의 입장을 이어받되, 인성에 좀 더 관심을 기울였다. 그에 의하면, 인간다움의 기본에는 측은지심(惻隱之心)이나 수오지심(羞惡之心) 같은 도덕 감정이 있다. 이것은 불행에 빠진 타자에 대한 동정심과 연민의 감정, 잘못에 대한 반성에서 나오는 수치감과 불의에 대한 분노에서 나오는 혐오의 감정이다. 맹자는 인간의 기본 도덕감을 측은지심, 수오지심, 사양지심, 사비지심의 네 가지[四端]로 파악하고, 이러한 도덕감이 인간을 인간답게 해주는 네 덕목, 즉 인의예지(仁義禮智)의 단초라고 보았다.

『중용』(25장)에서는 '자기를 이루는 인[成己仁]'과 '세상을 이루는 지[成物知]'의 조화가 군자의 길이라고 말한다. 자기를 닦아 남을 편안히 한다는 수기안인(修己安人, 『논어』 「헌문」)의 덕목도 마찬가지다. '성기성물', '수기안인'은 천문을 모델로 삼아 인문을 이루어 가기 위한 유학적 세계관의 요약이다. 이러한 인문주의는 중국을 비롯해 동아시아 현자들의 기본 자세이자 지속적 추구의 대상이었다.

강력한 법질서의 확립을 통해 군주권과 공권력을 강화하고 이로써 사회적 안정을 이루려 했던 한비자와 같은 법가(法家) 전통도 있었지만, 대체로 공자와 맹자를 통해 계승되어 온 도덕성이 동아시아적 인문주의 전통의 근간을 이루어 왔다는 데에는 이견이 없다. 그런 점에서 동아시아에서는 인간다움의 특징을 가치중립적 이성이 아닌 가치지향적 도덕감에 두어 왔고, 지성적 인간형보다는 도덕적 인간형을 더 인간다운 인간으로 선호해 왔다고 할 수 있다(이승환, 「동양의 학문과 문화정신」 『인문정신과 인문학』을 참조하여 정리했다)

이러한 유학의 인문정신은 인정(仁政)과 덕치(德治) 및 예치(禮治)와 문치(文治)라는 사회적 지도 원리로 이어졌고, 옳음을 우선시하고 이익을 부차적으로 여기는[義主利從]의 경제 이념을 산출했다. 비록 이러한 경제 원리가 근세 서양의 자본주의에 눌리며 미완의 과제로 그치고 말았지만, 동아시아에서 인문학적 평화학을 구상하는 자리에서 결코 간과할 수 없는 고전적 기초라고 할 수 있다.

인문은 천문의 반영이되, 타자와의 올바른 관계에서 이루어진다는 것이 동아시아적 인문학의 지향이라고 할 수 있다. 그렇다면 적어도 이 점에서 Humanities와 인문은 적절한 균형적 관점을 이룬다. 서쪽을 거쳐 온 Humanites와 동쪽에서 온 인문이 인간 관계를 기반으로 하면서 하늘과의 관계를 놓치지 않았다는 점에서는 비슷한 지점이 있다. 구조적인 차원에서 이들은 상통하는 개념들이라고 할 수 있다.

3. 아프리카적 인간성, '우분투'

최근 남아프리카에서 인간됨의 근거이자 가치로 주목받고 있는 '우분투'(Ubuntu)도 인간을 존중하고, 타자와의 연계성을 인간의 본질로 보는 자세라는 점에서 동·서양의 인문주의적 관점과 과히 다르지 않다. 반투어(Bantu)를 사용하는 이들로부터 전승되어오고 있는 우분투의 의미는 복합적이지만, 요약하면 인간 존중과 상호 연결성이다. 우분투는 '나'가 모여 '우리'가 된다는 사실을 넘어, '우리가 있기에 나도 있다(I am, because we are)'는 관점과 자세다. 상호 존중에 기반한 협동의 정신인 것이다.

우분투의 정신은, 세계 모든 인류는 하나의 가족이고 이 지구를 함께 여행하는 형제이자 자매라는 의식으로 귀결된다. 눈물을 흘리지 않는 사람이 없듯이, 모든 인류는 슬프면 아파하고, 기쁘면 웃는다. 한 사람이 학대를 당하면 우리의 가슴은 아프다. 고통받는 아이들이 있으면 우리는 눈물을 흘린다. 서로 간의 인간성을 인식함으로써 결코 끊어지지 않는 유대관계가 존재하는 것을 깨닫는다. 그것은 인류 전체를 연결하는 절대 끊을 수 없는 연결고리며, 우분투의 위대한 정신이다.(스티븐 런딘 외, 『우분투: 아프리카의 위대한 힘』)

대승불교에서 '중생이 아프니 나도 아프다.'는 유마거사의 공감력도 감동적이지만, 우분투도 이러한 정신과 상통한다. 노벨 평화상을 수상한 남아프리카공화국의 데스몬드 투투(D. Tutu) 신부는 우분투를 이렇게 해설한다.

우리의 삶은 여러 사람과 한데 묶여 있다. '사람은 다른 사람들을 통해 사람이 된다.'는 말도 같은 뜻이다. '나는 생각한다. 고로 나는 존재한다.'가 아니다. '나는 속하고 참여하고 나누기 때문에 인간이다.'라고 해야 마땅하다. 우분투가 있는 사람은 열려 있고, 다른 사람을 위해 시간을 내고, 다른 사람들을 인정하고, 인격과 능력이 탁월한 사람 앞에서도 위협을 느끼지 않는다. 자신이 더 큰 전체에 속한 존재임을 아는 그에게는 온당한 자기확신이 있기 때문이다. (데스몬드 투투, 『용서 없이 미래 없다』)

우분투는 인간들의 상호 의존성 및 관계성을 의미한다. '사람
은 다른 사람들을 통해 사람이 된다.'거나 '나는 속하고 참여하고
나누기 때문에 인간이다.'라는 말은 인간의 공유성과 관계성을
잘 나타내 준다. 그래서 우분투가 있는 사람은 타자에게 개방적
이고, 타자를 위해 시간을 내고, 타자의 정체성을 존중한다. 자
신이 더 큰 전체에 속해 있는 존재라는 의식 때문이다. 우분투는
인간다움의 사회적 의미를 잘 나타내 준다.

우분투 인간론에서 개인주의적이거나 자기집단중심주의는
불가능하다. 순혈주의라는 것도 있을 수 없다. 문화도 애당초 다
양하되 상호 관계적이다. 지역적이되 폐쇄적이지 않다. 인간다
움의 근본인 자기인식 혹은 자기대상화는 자신의 이해가 제한적
일 수 있다는 자기비판으로 나타나고, 타자를 분리시켜 버리는
행위가 얼마나 오류인지로 이어진다. 타자와의 본래적 연결성을
회복해 낸다.

아울러 대화를 통한 합의의 가능성을 상상하며 타자와의 공감
대 복원도 꿈꾼다. 타자에 대한 분리의 폐해를 극복하고 재발하
지 않도록 하기 위해 비판적으로 성찰한다. 그 과정에서 인간다
움이 확인된다. 그 인간다움은 자신을 인식의 주체이자 대상으
로 삼을 줄 아는 자세다. 이러한 우분투 정신으로 보더라도, 인

문학은 인간을 개별적으로 분리시키고 비인간화시키는 조건에 대한 연구이자, 인간의 역사가 산출한 다양한 자료들을 통해 인간다움을 찾아내는 작업이 된다.

응당 인간다움이 관계적 혹은 사회적으로도 구현되는 것이라면, 인간이 인간을 고통스럽게 하는 행위는 인간답지 않은 행동이라고 규정할 수 있다. 인간이 인간을 아프지 않게 하는 것은 타자에 대한 공감의 자세에서 비롯된다. 특히 타자의 아픔의 원인을 함께 생각하고, 그곳에 나를 참여시키는 데서 인문주의의 근본이 확립된다. 우분투는 평화를 지향하는 인문정신이 구미와 아시아만이 아니라 아프리카에도 이미 공유되고 있음을 보여 주는 사례이기도 하다.

제3장 | 인문학의
저자와 독자

1. 전문가주의의 위험성

동서양을 막론하고 인문정신의 핵심은 인간다움의 구현이다. 인간다움은 단순히 개인적 본성의 문제라기보다는, 상호 의존성을 기반으로 하고, 아픔에 공감할 줄 아는 능력과 그 실천으로 드러나는 관계적인 것이다.

인간다움을 다루는 인문학도 비인간적 현실에 대한 비평과 이웃에 대한 참여적 객관성을 근간으로 삼는다. 인간다움에는 지적 능력도 중요하지만, 인문정신을 학문으로 삼는다는 말은 연구자 자신이 타자에 공감하면서 연구를 통해 갈등과 아픔을 줄이는 작업에 참여한다는 뜻이다. 인문학 연구의 주체, 과정, 대상 모두 인간다워야 한다는 말이다. 인간다움에 대한 연구에서 연구 주체의 인간적 책임을 배제한 채 인간다움을 그저 학문의 대상으로만 여긴다면, 연구 결과에서 인간이 사라질 가능성이 커진다. 일방적인 대상화는 배제와 소외를 낳는다. 아무리 인간 연구를 한다 해도, 인간을 연구의 대상으로만 간주하는 인간학 전문가는 도리어 비인간적이 될 가능성이 크다. 인간학 전문가가 비인간적이어서는 안 된다는 말이다.

물론 어떤 대상에 대한 전문적인 연구는 단기간에 가시적인 성과를 산출할 가능성도 크다. 그와 동시에 살아 있는 인간을 그 전문적 연구 결과에 종속시키는 결과로 이어질 가능성도 못지않게 크다. 인간학 전문가가 인간을 수단화하고, 연구자 자신도 스스로 비인간화의 길로 들어서는 그런 연구 성과로 어찌 인간을 구원할 수 있겠는가.

전문적 연구라는 미명하에 연구자의 비인간적 태도와 인간의 수단화를 정당화하면 인간 연구 속에서 인간이 사라지는 일이 벌어진다. 전문가주의의 효율성에도 불구하고, 단기적 효율성만 강조하다 보면, 전문가조차 자신의 연구 성과가 원래의 의도와는 반대의 길로 내몰릴 가능성이 커진다. 전문가주의의 위험성을 경계해야 하는 것이다. 가령 핵발전 전문가가 인간에 대한 공감력이 떨어지면 핵은 전기 생산도구이면서 동시에 언제든 살인무기로 변모할 수 있게 된다. 핵발전 전문가가 의도적이든 비의도적이든 실수라도 하면 인류 전체가 위험해진다. 인터넷 전문가가 인간의 얼굴을 외면하면서 '빅 브라더' 욕망으로 이어지고, 실제로 그리 갈 가능성도 상존한다. 이반 일리히는 이른바 전문가들이 만들어 내는 문명이 인간을 도리어 문명 속에 종속시킬 뿐더러, 인간을 문명에 대해 불구자로 만든다며 거세게 비판한다. 그의 비판 몇 가지를 들어 보자.

'성직자 계급이 영원한 구원을 약속하듯이, 전문가 집단은 일반 대중의 세속적 이익에 대해 그것의 해석자, 보호자 및 공급자로서의 적통을 가진다고 주장한다.' 전문가는 '인간 본성에 대해서도 남모르는 지식, 오직 그들만이 공급할 권리가 있는 지식을 가지고 있다고 주장한다.', '의회정치 역시 전문가들이 제시하는 의견에 근거해 결정을 내리는 한, 국민을 "위한" 정치일지는 모르지만, 국민에 "의한" 정치는 결코 아니다." 전문가주의는 '개인을 나약하게 하고 결국 불구로 만든다.' 20세기는 인간을 불구화하는 전문가 시대'다.(이반 일리히,『전문가들의 사회』)

같은 이유에서 '평화학 전문가'도 위험할 수 있다. 평화를 규정하고 제도화하는 전문가들이 인간을 평화의 주체가 아니라 제도와 정책에 종속적인 수단으로 만들고, 인류의 목적인 평화에서 정작 인간을 소외시킬 수 있다. 평화는 삶이어야 하지만, 전문가들에 의해 이론화 및 방법론화하면서, 그 이론과 방법론에 인간의 삶이 종속될 가능성도 생긴다. 평화학을 하나의 분과학문으로 상상하고 분과학 전문가로 자처하다가, 정작 인간의 복합적 현실에 대해서는 무지한 결과를 낳기도 한다. 의사가 환자를 자기 직업의 수단으로 여기고, 생물학자가 정작 생명 현상의 사회성을 잘 모를 수 있듯이, 전문적 분과학문 체제로는 현대사회의 복잡한 문제와 삶의 근원적 물음에 적절히 대응하지 못한다. 평화학은 학제적이고 융합적인 학문이어야 하는 이유도 여기에 있다.

하지만 역설적이게도 평화학이 학제적이고 융합적 학문이어야 한다는 말 속에는, 진작부터 평화로부터 소외되어 있는 인간의 무력한 실상도 담겨 있다고 할 수 있다. 비평화 혹은 폭력이 옴짝달싹 못할 정도로 구조적이고 복합적으로 얽혀 있는 현실은 인간이 만들어 낸 결과다. 인간이 인간을 위해 만든 문명이 도리어 인간을 소외시켜 왔듯이, 인간이 문명의 주체로 자리매김하기 위해서는 전적인 발상의 전환이 있어야 한다.

그런데 이것은 전문가만의 몫이 아니다. 폭력이 구조화되어 있는 현실을 일부 전문가가 해결할 수는 없는 노릇이다. 전문가에 기대도록 추동하는 전문가주의는 경계해야 한다. 평화학 전문가라는 말이 위험한 이유다. 평화학 전문가가 인류의 폭력적 현실을 분석할 수 있지만, 그렇더라도 인간을 구원하는 것은 전문가나 전문가의 이론이 아니다. 비구원적 상황에 진지하게 공감하며 현재 자신이 처한 자리에서 이웃의 고통에 공감하고, 구조화된 폭력을 비판하며 아픔을 나누는 이들이 인간을 구원한다. 이들 없는 평화학은 책상 위에서만 가능하다. 참여 없이 폭력은 줄어들지 않으며, 저항 없이 평화는 늘어나지 않는다. 평화학이 하나의 전문가 시스템으로 구조화되는 순간, 인간은 도리어 더 비평화적 상황으로 몰려갈 가능성이 커질 수 있는 것이다.

부르디외는 사회가 인간의 희망의 대가로 위조지폐로 지불한다면서, 이른바 전문가들이 이러한 위조지폐를 유통시키기도 한다고 비판한 적이 있다. 그의 비판에 의하면, 이들은 '타협적이고, 어려움을 만들지 않으며, 말썽을 피우지 않고, 아무 문제없이 말을 많이 하는, 일회용 사고의 전문가들인 신속한 두뇌들(fast thinker)'이다. 우리의 주제와 연결 지으면, 평화라는 말로 포장은 하고 있지만, 평화의 인간적이고 중층적 복합성을 외면하거나 이해하지 못해서 도리어 비인간화 과정을 낳는다는 뜻이다. 인간성을 도외시한 전문성은 그것이 무엇이든 인간을 수단화할 뿐더러, 그저 말의 성찬이나 포장에 지나지 않게 된다. 빨리 다니기 위해 만든 도로가 차가 몰려 정체되면 걸어가느니만도 못하게 되듯이, 너무 오랫동안 평화로부터 소외되어 온 탓에 이제는 그 단순한 평화를 회복하는 데에도 엄청난 노력을 투입해야 할 지경에 이르렀다. 평화에 대한 감성마저 희미해져 가고 있는 현실에 이른바 전문가들의 책임이 작지 않다.

2. 쉽고 깊은 글쓰기

이렇게 단순한 전문가주의를 넘어서면서도 연구자들이 연구 대상을 사물화시키지 않고 연구에 인간성을 담아내는 방법 중의 하나는 깊고 쉬운 글쓰기다. 학문이 인간적이기 위해서는 깊고 쉬운 글쓰기가 요청된다. 물론 글쓰기 이전에 철저한 읽기가 선행된다. 전술한 바 있듯이, 읽기는 개념의 바닥까지 파고 들어가 기존 관념을 전복시켜 혁명으로 이끌 수 있는 인문학의 기초다. 사실 인문학만이 아니라 학문의 기초는 내가 사용하는 언어가 정말 그런 뜻인지 철저하게 되묻는 데 있다. 그것이 읽기의 정수다. 정치인이나 군인이 혁명하는 것이 아니라, 텍스트를 철저하게 읽어내는 인문학이 아래로부터의 혁명의 기초를 제공하는 것이다. 이러한 읽기가 변화의 근간을 마련해 준다.

특히 쉽고 깊은 글쓰기는 읽기의 구체화이자, 잠재적 인문학자인 독자에 대한 배려이기도 하다. '타자를 이루어 주는 것이 지(成物知)'라는 『중용』의 말처럼, 인문학은 세계가 바로 그러한 모습으로 돌아가는 원리[物]를 가능한 한 깊고 쉽게 밝히는[成] 지혜[知]를 추구하는 학문이다. 이것은 기본적으로 타자의 형편에 공감해야만 할 수 있는 작업이다. 이와 관련하여 사이드는 전문용어로 가득한 인문학은 비인간적이라고까지 말한다.

> 광범위한 잠재적 지지자들을 소외시킬 전문용어는 피하라는 것입니다. … 대학의 안과 밖에서 인문학의 전문용어(jargon)가 가지는 위험은 명백합니다. … 독립성과 독창성을 드러내기 위해 기이하고 거슬리는 관용어들을 터무니없이 열거할 필요는 없습니다. 인문주의는 드러냄의 형태여야 하지, 비밀 또는 종교적 계시의 형태여서는 안 됩니다. … 인문주의적 저항이라 불러온 것은 좀 더 긴 형태로, 좀 더 긴 글로, 좀 더 오랜 숙고를 거쳐 나올 필요가 있습니다. … 인문주의적 숙고는 핵심만을 뽑아 전달하는 헤드라인 형태를 거두어들이고, 대신 적절하게 사안을 짚어 내는, 조금 더 길고도 신중한 숙고, 연구, 참구적 논의로 향해야 합니다. (에드워드 사이드, 『저항의 인문학』)

사이드의 이런 제안은 되새김직하다. 무엇을 위해, 누구를 위해, 어떤 글을 쓰는가. 대학이나 연구소의 전문지식 창출을 위한 전문적 글쓰기가, 자칫 글쓰기 자체로만 머물거나, 독자를 외면한 채 그저 책상 위에만 놓인 기계적 업적의 일환으로 머물면서, 실제로는 전문가주의만 강화하고 비평화적 상황을 외면하거나 은연중 확장시키는 역할을 할 가능성도 있다.

물론 전문가의 식견과 선이해를 반영한 연구와 생산은 지속되어야 한다. 그리고 가능하면 '깊고 넓은' 연구여야 한다. 정말 전문가라면 깊고 넓게 연구할 수 있어야 한다. 깊이로 전문성을, 넓이로 대중성을 확보할 수 있을 테니 말이다.

하지만 현실적으로 깊고 넓은 연구는 힘들다. 연구자의 역량이 못 따라갈 때가 많다. 그러다보니 학문 현장에서는 주로 깊고 좁은 연구에 매진한다. 심지어는 연구의 주제와 범위가 넓거나 대중적인 언어로 표현하면 전문 연구로 평가하지 않는 경향마저 있다. 주로 좁고 깊은 전문적 연구가 산출되는 것이 현실이다. 그리고 깊고 좁은 연구의 성과를 공유하는 이들 역시 전문가들이다. 그 연구는 일부 전문가들의 손에 갇힌 채, 대중적으로 공유되거나 확산되지 못 한다. 그런 식으로 깊고 좁은 연구는 전문가들의 카르텔을 형성하는 근간이 된다.

하지만 일리히가 신랄하게 비판했듯이, 전문가들의 카르텔은 다수의 인간을 더 나약하게 만들고 자신의 문명에 대해 주체는

커녕 불구자로 전락시킬 가능성이 크다. 단기적으로는 깊고 좁은 연구가 유의미한 작업처럼 간주되지만, 장기적으로도 그런지는 비판적으로 검토해야 한다. 좁고 깊은 연구가 인류를 위한 연구인지 따져 보아야 한다. 이런 문제의식을 가지고, 만일 '깊고 좁은 연구'와 '넓고 얕은' 연구 중에 하나를 선택해야 한다면, 차라리 '넓고 얕은' 연구가 더 인간적이고 덜 폭력적일 수 있다. 폭력을 줄일 가능성이 더 크다. 전문가에 의한 깊고 좁은 연구는 그 연구 결과를 다시 전문가가 독점할 뿐만 아니라 다수의 인간을 담아내지 못할 가능성이 크기 때문이다. 차라리 모든 이가 공유할 만한 넓고 얕은 연구가 평화에 더 공헌할 수 있다는 것이다.

그럼에도 불구하고 좁고 깊은 연구를 해야만 한다면, 그 결과를 넓고 얕은 언어로 번역하는 작업과 병행하며 이루어져야 한다. 가능한 한 연구자 자신이 처한 사회 현실 안에서 그 현실을 반영한 인문학적 지식을 깊이 숙고해 평이하게 생산해 낼 때 이러한 연구 및 번역의 실질적 효율성과 생산성도 훨씬 더 높아진다. 훨씬 더 평화에 공헌하게 되는 것은 물론이다. 인간에 대한 연민과 공감 속에서 독자와 더불어 인문학의 잠재적 영역을 확산시킬 수 있어야 하는 것이다.

3. 삶에 대한 비평

그런 방식으로 인문학은 동시대에 살고 있는 사람들의 구체적인 삶, 고통을 겪고 있는 현장에 더욱 가까워져야 한다. 백낙청이 인문학을 '삶에 대한 비평(criticism of life)'이라며 강조한 것은 이것을 적절히 말해 준다. 그에게 인문학은 인간다운 삶을 살기 위한 종합적이고 실천적인 학문이다. 문학자답게 그는 인문학의 기초를 다지기 위해서는 '문학비평' 능력이 필요하다고 강조한다. 문학비평은 온갖 문헌을 사려 깊게 읽는 행위이며, 무엇이 진실되고 아름답고 올바른 실천으로 이끄는지 판단하는 책임도 동반하는 행위다.

물론 '삶'에는 개인적 차원은 물론 사회적 차원도 들어 있으며, 정치적 함의도 지닌다. 게다가 '비평'은 현재 시점에서의 판단이므로 원칙적으로 현재적 진술이면서도, 지난날의 사례들을 익히지 않고서는 불가능한 통시적인 분석이기도 하다. 인문학은 과거의 자료에 근거해 과거 시제로 진술할 수밖에 없는 학문의 성격과 인간다움을 구현하는 현재 시제의 실천을 겸하는 학문이다. 인문학적 비평자는 분석의 대상이 되는 세계에 참여해야 하고, 분석 대상은 그 세계 전반에 참여해야 한다. 백낙청은 원래의 인문학에서 분리되어 발달한 근대 자연과학의 지식과 성과를 수용하고, 근대 과학의 후발 산물인 사회과학도 포괄하는 새로운 인문학이 되어야 한다고 말한다. 이것이 문학 작품들에 대한 비판적이고 주체적인 독서라는 것이다.

그는 더 나아가 각자의 자리에서 비평적이고 정치적인 훈련을 해야 하는 것은 물론이거니와 이를 밑받침할 좀 더 전면적인 마음공부 내지 수행도 필요하다고까지 말한다. 그의 종교적 경험 탓일 수도 있겠으나 한 사람, 한 사람의 마음이, 특히 인문학자의 마음 자세가 인격적으로 준비되어 있지 않은 데서 오는 부작용들을 절감했기 때문일 것이다.

이런 점에서 보자면, 과거와 현재에 대한 참여적 s글읽기를 통해 독자가 명확하게 이해할 수 있도록 하는 글쓰기는 인문학의 기초다. 삶에 대한 비평을 통해 인간다움을 구현하고자 한다면, 이러한 읽기와 쓰기에 기반을 두지 않을 수 없다. 이런 맥락에서 평화인문학은 인간다움의 핵심을 평화로 보고서, 삶에 대한 비평을 통해 평화를 구현하려는 학문이라고 할 수 있다. 인문학적 자세로 평화를 연구하는 학문이라고 간단히 규정할 수도 있겠다.

물론 전술했듯이, 평화를 구현한다는 말을 현실적으로 구체화하면 폭력을 감축하는 것이다. 인문학이 그렇듯이 평화인문학자는 비평화적 상황 속에 처하면서도 비평화를 줄여 가면서 평화를 지향하는, 즉 비평화에 대해 내부자이자 동시에 외부자이기도 해야 하는 것이다. 이것이 전술했던 참여적 객관화의 의미이기도 하다.

이러한 관점은 윌프레드 캔트웰 스미스가 다양한 종교들을 대하는 관점으로 '비판적인 공동의 자의식(critical corporate self-consciousness)'에 대해 말한 것과 거의 같다. 이것은 가령 기독교인이 불교를 '그것(it)'으로 지칭하며 사물처럼 대하는 자세를 비판하고, 불교든 기독교든 이슬람이든, 종교 현상을 궁극적 진리에 대한 내적 신앙의 인격적 표현들로 볼 줄 아는 자세다. 종교를 대하는 자세는 나와 너, 우리와 너희가 어우러져, 결국은 우리가 우리와 대화하는 그런 공동체적 의식으로 이루어져야 한다는 입장이다. 연구자의 연구 태도도 인격적이어야 할뿐더러, 연구 대상도 인격적이면서 객관적으로 봄으로써, 더 큰 인간적 연대성을 확장시켜야 한다는 주장이기도 하다. 연구 대상 속에 연구자 자신을 개입시키는 참여적 방식이자, 연구의 객체와 주체의 긴밀한 상관성을 전제한 인격적 자세라고 할 수 있다. 우리의 주제와 연결 지으면, 평화연구자가 평화에 대한 비판적 자기책임을 외면하지 않으면서 평화가 인간의 얼굴을 할 수 있도록 하는 자세라고도 할 수 있다.

4. 평화인문학의 복합성

삶에 대한 비평이 과거의 자료와 현재적 삶에 대한 참여적 자세로 이루어지듯이, 평화인문학도 현재적 맥락에서 기존의 서구 평화학을 계승하며 이루어지는 복합적 학문일 수밖에 없다. 기존의 사회과학적 평화학 없이 평화인문학을 새롭게 정립할 수 없다. 물론 그 역도 마찬가지다. 기존의 사회과학은 인간다움에 대한 탐구의 전통을 이어 오고 있는 인문학에서 배우면서 정책, 제도, 시스템 중심의 연구를 넘어서야 한다. 평화도 결국은 인간이 추구하고 인간이 누리는 가치이자 자세이기 때문이다.

인간 현상 자체가 복합적이고, 따라서 인문학 자체가 본래 복합학일 수밖에 없듯이, 평화학도 학제적이고 복합적이다. 평화가 다른 가치들과 분리되는 별개의 현상이 아닌 마당에, 평화학이 복합학문이 되는 것은 당연하며, 실제로 지금까지의 평화학에도 국제관계학, 정치학, 사회학, 경제학, 인류학 등의 사회과학이 망라되어 있다. 인문학 분야의 문학, 역사, 철학, 종교는 물론 예술 분야까지 함께해야 평화가 더 깊게 조명되는 것은 물론이다. 그만큼 평화는 복합적인 현상이며, 따라서 평화학도 복합적이고 중층적일 수밖에 없다. 평화학자 갈퉁도 이러한 학제적 연구 의식을 다음과 같이 정리한 바 있다.

> 평화 연구는 국가 내부나 국가 간의 평화 연구뿐만 아니라, 전 세계의 조직 속에서 평화를 찾으려는 시도라는 측면에서 볼 때, 세계 연구에 접근한 것이다. 그러므로 단지 군사력 또는 정치·경제적 상황, 문화적 변수들만을 고려하여 연구하는 것은 의미가 없다. 중요한 것은 모든 변수들을 고려해야 한다는 것이다. 다른 학문 분야와 관계가 있는 것뿐만 아니라, 신성한 정신적인 면도 고려되어야 한다. 이는 전체 속에서 거미줄같이 짜인 모순을 이해하려는 노력을 해야 한다는 것이다. (요한 갈퉁, 『평화적 수단에 의한 평화』)

평화인문학은 분과학적 의미의 인문학이 아니다. 신성한 정신적인 면, 넓게 말해 인문학적 관점과 시각을 적극 수용하되, 편협한 인문학 중심주의의 장벽을 넘어서 기존의 사회과학적 평화 연구와 융합하는 포괄적인 학문이다. 평화인문학은 인문학적 전통을 견지하되, 사회과학은 물론 정책연구와 순수학술 연구, 자국 중심적 시각과 세계 보편의 관점을 진지하게 교차시켜야 한다. '통일평화론'의 확립을 선도하는 사회학자 박명규가 말하듯이, 평화인문학에서는 인간 존재의 근원 문제, 개인의 내면적 정서와 지향으로부터 집단 혹은 사회의 문화적, 역사적 조건, 정치·경제적 현실과 군사적 위협과 안보까지 포괄하는 지적 탐험을 더욱 강조해야 한다. 그럴 때 평화인문학이 분과학 체제를 넘어, 학문 자체의 혁신, 창조적 재생에 중요한 기여를 하게 된다. (서울대학교 평화인문학연구단 편, 『평화인문학이란 무엇인가』)

'사회인문학'의 가능성을 모색하는 역사학자 백영서의 다음과 같은 제안도 비슷한 문제의식을 공유한다. "우리가 추구하는 인문학은 학문의 분화가 심각한 현실에 맞서 파편적 지식을 종합하고 삶(또는 인간의 다양한 가능성)에 대한 총체적 이해와 감각을 길러 주며, 현재의 '삶에 대한 비평'의 역할을 제대로 하는 총체성 인문학, 곧 학문 그 자체이다." (백영서, 『사회인문학의 길』) 전문가주의적인 분과학문 차원을 넘어, 인간의 삶 전체에 대한 총체적 이해와 감각을 키우고, 현재의 삶에 대한 비평의 역할을 통해 삶의 전환에 기여하는 학문이 인문학이다. 평화를 화두로 이러한 자세를 반영해 낸다면 그것이 평화인문학인 것이다.

제4장 | 평화인문학의
실천적 과제

1. 상처의 원인에 대한 해명

평화가 인간의 기대와 희망을 담은 가치지향적 언어이듯이, 평화인문학은 인간의 삶 전반이 더 인간다워질 수 있도록 하려는 목적의식이 분명한 학문이다. 이것은 평화인문학이 삶의 현실에 개입하고, 연구 결과가 사회적 변화에 공헌할 수 있어야 한다는 뜻이다. 현실과 학문 사이의 거리를 좁히고 그 거리에 인간의 얼굴을 입혀 재구축하는 작업에서, 그리고 연구 대상에 대한 연구자의 이해를 다시 연구 대상의 눈으로 재관찰하는 자세에서 참여적이고 인격적인 객관화를 이룰 수 있다.

평화인문학은 이런 시각 및 방법론을 가지고 진행되어야 한다. 그러면서 다음의 여섯 가지 차원에 주목할 필요가 있다. 이하에서는 박명규의 제안(『평화인문학이란 무엇인가』, 41~45쪽)을 참조하며 좀 더 인문학적 관점에서 정리 및 보완하고자 한다.

첫째는 비평화적 구조와 상황 속에서 받은 상처의 원인에 대한 명확한 이해와 해명이다. 왜 비평화적 상황이 지속되고 또 형성되는지, 현상 분석만이 아니라 그 원인에 대한 깊은 이해가 선행되어야 한다. 국가 간 전쟁도 그렇지만 종족, 종교, 문명 간 갈등도 복잡하게 얽힌 과거와 당사자들의 내적 심성을 이해해야 설명된다. 인종청소나 대량학살과 같은 참사가 왜 벌어지는지를 이해하려면, 종족적, 종교적, 정치적 배경은 물론 오랜 역사와 문화에 대한 깊이 있는 지식이 요구된다. 섬뜩한 테러 행위도 테러리스트 당사자들의 내적 동기는 복합적이어서, 단순한 힘의 역학관계나 정치적 분석만으로는 충분히 해명되지 않는다. 분쟁 당사자들의 생각과 입장, 판단과 선택이 어떤 과정을 거치고 있는지, 어떤 역사적 반복과 경험의 누적을 통해 전승되어 왔는지, 어떤 사건과 계기들로 인해 증폭되고 확산되는지 깊은 이해를 시도해야 한다.

그러다 보면 사건 당사자들 안에도 화해, 소통, 치유에 대한 열망이 들어 있다는 사실을 읽어 낼 수 있게 된다. 분쟁 당사자의 동기와 이유, 정서의 핵심을 이해하는 것만으로도 적개심의 완화나 폭력의 억제에 도움이 될 동력을 확보할 수 있는 것이다. 무엇보다 평화 구축에 인간적 열망을 담아내고 평화가 인간의 얼굴을 하도록 하는 데 기여한다.

2. 아픔에 대한 공감력의 심화

둘째는 비평화 내지 폭력으로 인한, 타자의 아픔에 대한 공감 능력의 심화이다. 개인과 사회가 함께 살아가기 위한 근원적인 능력은 공감이다. 전술했듯이 자기의 상황을 기준으로 타자를 이해하기[sympathy]보다 타자의 입장에서 타자의 아픔에 대해 공감하기[empathy]가 더 평화적이다. 스미스는 우리 모두(we all)가 서로 우리 자신(us)에 대해 말하게 되는 상태 및 자세를 인문학적 종교 연구의 최종 목적으로 삼아야 한다고 주장했는데, 폭력적 상황 및 그로 인한 고통의 현장을 우리 모두의 책임으로 여기는 공감적 자세에서 실제로 고통을 나누고 각종 정책을 인격화하며, 폭력의 동인을 비판적으로 폭로할 수 있다는 것이다.

오늘날 철학계 혹은 사상계는 차이의 철학 혹은 해체의 철학이 대세를 이루고 있지만, 평화 연구에서 더 중요한 것은 차이를 지닌 개체들끼리 어떻게 공감의 소통 능력을 배양해 갈 수 있을지에 대해 답하는 일이다. 차이를 인간의 얼굴로 채우고, 평화인문학의 기초를 공감 능력에 기반해 비평적으로 다져야 할 이유도 여기에 있다.

인문학자는 자신의 연구가 사람답게 사는 일로 방향 지어져 있다는 사실에서 감흥을 느끼고 그런 보람을 공유하도록 힘써야 한다고 보았던 백영서의 주장도 이와 상통하는 자세다. 이런 감흥이 연구자의 내적 동력이 될 때 평화인문학의 진정성도 살아나고 실천적 함의도 구체화된다. 평화인문학 연구자는 자신의 연구가 자신을 포함해 사회가 인간답게 변모해 가는 계기가 된다는 사실에서 연구의 감흥을 느낀다. 연구 대상과 연구자 자신이 비평화적 상황에 처해 있음을 주관적이면서도 객관적으로 인식할 수 있을 때, 즉 연구의 대상과 주체의 긴밀한 상관성을 전제할 때, 평화에 대한 인문학적 성찰의 진정성이 확보된다.

3. 비판적 성찰과 공감적 실천

셋째는 성찰과 소통 능력의 강화를 통한 윤리적 실천이다. 앞에서 스스로를 대상화할 줄 아는 인간의 대자성(對自性)에 대해 살펴본 바 있듯이, 성찰은 현실에 대한 이해와 공감을 기반으로 하면서, 당연시되는 상식이나 관행화된 질서, 제도의 경직성을 되돌아보고 비판적으로 객관화할 수 있는 동력이다. 이러한 공감적 성찰성을 전제하면서 소외를 극복하고 폭력을 줄여가는 실천성을 확보해 나가야 한다.

실천적 신학자 한스 큉(H. Küng)은 공감에 기반한 보편적이고 윤리적인 실천이 지향점을 상실해 가고 있는 지구촌을 구하는 힘이라고 보았다. 이러한 실천은 한스 요나스(H. Jonas)의 표현을 따르면, 파괴와 소외의 극복을 위한 '책임의 원칙'을 다하는 것이다. 자본의 지구화가 불가피하게 산출해 놓은 국가와 민족, 개인 등 지구화로부터의 소외 현상을 조화와 연대 현상으로 역전시키기 위한 실천으로 옮기는 것이다. 인간 존엄 정신은 긍정하고,

비인간적 한계는 부정하면서, 다원적이면서 전체적으로 종합될 수 있어야 한다는 것이다.

이것은 종교 영역에서도 마찬가지다. 흔히 외교적, 정치적 정책의 수립을 시도할 때 종교를 사적인 영역으로만 간주하고서 이를 배제하는 경향이 있지만, 전술했듯이 종교도 복합적인 인간 현상이다. 더욱이 인간이 던질 수 있는 가장 깊은 질문들에 대한 해답체계이기도 하다는 점에서 종교는 평화학에 내실을 다지고 깊이를 부여해주는 주요 연구 주제다. 이러한 종교에서 왜 폭력이 발생하는지 그 복잡하게 얽힌 내외의 원인을 분석하고 인간의 존엄성과 인권을 위한 윤리적 실천에서 평화를 위한 보편적 공감대를 확보해야 한다. 나아가 이를 통해 인간의 존엄성을 회복하는 일과 종교적 진리를 실천하는 일은 별개가 아니라는 사실까지 보여줄 수 있어야 한다.

「세계인권선언」의 제1항, 즉 '모든 인간은 자유롭게 그리고 평등, 존엄성, 권리를 가지고 태어난다. 모든 인간은 이성과 양심을 천부적으로 타고났으며, 서로 형제애에의 정신 안에서 처신해야 한다.'는 선언은 평화가 인간의 얼굴을 할 수 있도록 하는 기초이자, 종교적 이웃사랑의 정신과도 다르지 않다. 이러한 사실을 종교인에게 설득하면서 종교 언어를 일반화시키는 데도 공헌한다면, 평화인문학은 신학이나 교학들이 담당해오던 역할의 일부를 오늘날 발전적으로 계승하는 주체가 될 수 있을 것이다. 비판적 성찰과 공감적 실천이 평화인문학의 깊이와 넓이를 결정 짓는 근간이 되는 것이다.

4. 폭력 축소를 위한 윤리적 개입

이런 입장을 견지하면서 넷째, 평화학자는 폭력 축소를 위한 윤리적 책임을 더 크게 져야 한다. 마하트마 간디는 인도의 정치적이고 문화적인 상황에서 이렇게 말한 바 있다. "참을 추구하고 비폭력을 지키는 길에는 꼭 필요한 것들이 있다. 곧 브라마차랴(금욕)를 지키고, 도둑질 하지 않고, 무소유의 삶을 살고, 두려움을 모르고, 모든 종교를 똑같이 존중하고, 불가촉천민 제도를 없애는 것과 같은 실천이 반드시 따라야 한다." 나아가 이렇게도 요청한다. "불가촉천민 제도를 없애자 함은 단순히 그들을 차별하는 제도만 없애자는 것이 아니다. 그들을 우리의 일가 친척처럼 여기고 우리의 형제 자매 대하듯이 대하자는 것이다. 세상에는 높은 사람도 따로 없고 낮은 사람도 따로 없다."(마하트마 간디, 『날마다 한 생각』)

학문 연구자들이 '위대한 영혼'으로 불리는 간디와 똑같이 살수는 없을 것이다. 그렇더라도 아픔에 공감하고, 폭력 축소를 위한 실천에 무책임할 수는 없다. '참여적 객관화'의 정신도 평화론 정립을 위한 수단에 그쳐서는 안 된다. 그 이론이 연구자 개인과 이웃의 사회적인 실천으로 연결될 수 있어야 한다.

물론 현실은 폭력적 상황이라는 이유로 무조건 개입할 수만도 없는 복잡한 상황 속에 있다. 가령 다른 집안에서 벌어지는 폭력에 개입하기도 쉽지 않고, 다른 국가에서 벌어지는 살상의 현장에 개입하기는 더욱이나 어렵다. 그렇기에 이럴 때는 어떻게 해야 하는지 원칙을 정할 필요도 있다.

이와 관련하여 윤리학자 피터 싱어(P. Singer)는 일방적 집단살해나 반인륜적인 범죄에 대해 그 당사자들이 파괴를 중단시킬 수 있는 능력과 의향이 없다고 판단되면 비판적 공감력에 기반한 윤리적 개입을 시도할 수 있어야 한다고 주장한다. 싱어의 주장은 특정 국가가 집단학살이나 인종청소 같은 반인도적 범죄를 막을 능력과 의향이 없을 때, 유엔이나 국제사회가 개입할 수 있다는 이른바 '보호책임(responsibility to protect, R2P)'의 원리와 대동소이하다.

물론 현실적인 선택에서는 여전히 어려움이 뒤따른다. 어느 정도의 범죄라야 국제사회가 개입할 수 있는 것인지, 어떤 명분이 개입을 정당화시킬 수 있는지 판단하는 것은 쉬운 일이 아니기 때문이다. 하지만, 마이클 왈쩌(M. Walzer)가 '평범한 남녀가 일상생활에서 얻은 도덕적 확신'에 따른 실천적 개입이 필요하다고 보았듯이, 윤리적 개입에 최종적 가치와 정당성을 부여해 주는 것은 그곳에 진정한 가치가 있다고 믿는 인류의 보편적 신념이다. 물론 진정한 가치와 보편적 신념이 무엇인지 국제사회에서의 균형 잡힌 토론과 합의도 있어야 한다. 강대국에서 이권을 노린 개입이 되지 않도록 다른 국가들에서 견제도 해야 한다. 어떻든 중요한 것은 가정 문제 혹은 국내 문제라는 이유로 '우분투'를 억압하고 인간의 상호 의존성을 파괴하는 행위, 냉혹한 국제질서라는 현실에 타협하면서 강대국의 약소국 침공을 외면하는 일은 평화의 이름으로 비판하고 평화로운 수단으로 개입해 폭력을 줄여야 한다.

이러한 기초를 놓기 위해서라도 평화인문학은 긴 호흡으로 따뜻한 인간애, 생명 존중의 정신 등 인류의 보편적 가치의 필연성을 밝히는 기본적 연구를 지속해야 한다. 평화인문학이 폭력을 감축하고 그 자리에 인간의 얼굴을 한 평화를 채우려는 학문이라면, 젱하스가 분석하고 있듯이, 각종 비평화의 원인들이 복합적으로 구성되어 있는 상황을 풀어 가기 위한 참여의 의무를 소홀히 할 수 없는 것이다.

5. 증오의 치유와 학문의 구도성

다섯째, 오랜 갈등으로 인한 상처, 증오와 분노를 치유하는 데 평화인문학이 기여할 수 있다. 폭력의 희생자들은 외부의 폭력이 그친 뒤에도 정작 내면은 회복되지 않은 경우가 많다. 이때 종교적 심성이나 문학적 공감이 지향하는 근원적인 화해와 용서, 사랑과 자비의 덕목을 더 많은 이가 내면화하고 사회화할 수 있는 가능성을 증대시키는 행위는 아픔을 치유하는 데 기여한다. 인문학자는 몸을 치유하는 의사는 아니지만, 화해와 용서의 가치가 지닌 평화의 힘에 대한 사회적 인식을 확산시켜 상처 입은 마음을 위로하고 치유하는 간접적 의사는 될 수 있다.

나아가 증오범죄를 양산하는 양극화와 불평등한 현실을 개선하고 용서의 문화를 만들어 가는 기초를 놓을 수도 있다. 물론 화해와 용서는 저절로 되지 않는다. 당한 고통을 스스로 감내하고 용서하는 것은 수행이라 할 수 있을 정도로 고통스럽다. 신학자 스티븐 체리(Stephen Cherry)의 말마따나 '용서는 고통'이다. 그

것도 '긴 시간이 걸리는 고통이다. 다만 그냥 고통이 아닌, 치유의 고통이다.' (스티븐 체리, 『용서라는 고통』)

그럼에도 불구하고, 아니 그렇기 때문에, 치유를 위한 고통을 동반하는 화해와 용서는 평화만큼이나 인문학의 깊은 연구 대상이다. 이들 주제에 대해서는 좁은 의미의 종교 영역에서 다루곤 하지만, 화해 연구와 용서의 문화 만들기는 평화 문화 구축의 다른 이름이다. 물론 용서를 개인이나 집단의 영역 안에 한정시켜서는 안 된다. 용서의 문화는 개인이나 집단에게 상처를 주는 정책 등을 포함해 구조적 폭력의 양상과 정도를 개선하는 행위와 병행해야 한다. 그렇게 적극적 평화의 구축에서 용서는 제외할 수 없는 주제다.

용서는 치유다. 남의 치유를 위한 것이면서 증오와 고통으로부터의 해방이라는 점에서 자신의 치유이기도 하다. 불교의 출가 수행자가 심신의 고통으로부터의 해방을 위해 평생을 투신하듯이, 예수가 질병으로 인한 육체적 고통 못지않게 소외와 냉대로 인해 당하는 사회적 고통의 제거에 깊은 관심을 기울였듯이, 평화인문학은 치유의 가능성을 구체화해야 한다. 그러면서 학문에 구도성을 뒷받침해나가야 한다. 세상의 구원을 다루는 종교적 혹은 신학적 정신과도 만날 필요도 있는 것이다.

티벳의 정치와 불교계의 지도자인 달라이라마(텐진 가쵸)가 '선의에서 나오는 모든 행동은 다 종교적인 행동'이라(텐진 가쵸, 『달라이 라마 자서전』) 보았듯이, 실제로 종교적 정신과 평화인문학적 치유의 자세는 별개가 아니다. 종교적 행동과 평화를 위한 실천은 분리되지 않으며, 분리되어서도 안 된다. 종교적 치유든 일상적 화해든, 용서, 화해, 치유는 평화의 다른 이름이다. 평화인문학에서 담아내야 할 핵심 가치이자 주요 관심사들이다. 평화인문학자는 고통을 당하는 갈등 당사자로 하여금 갈등과 분쟁의 깊이를 직접 들여다보고 내면의 증오와 정서의 속살을 드러냄으로써 이것을 받아들이고 껴안을 수 있게 해주는 용서와 화해와 치유의 장도에 나서야 하는 것이다.

6. 다원적 평화공동체의 구상

여섯째, 이런 학문적 시도가 미래의 평화질서는 물론 현실적 평화공동체를 구상하고 만들어 내는 밑그림을 제공해 준다. 평화는 복수이며 다원주의적으로 이해해야 한다는 사실을 앞에서도 보았듯이, 평화라는 주어보다는 주어를 한정하고 지시하는 다양한 술어들의 조화가 평화의 움직임을 만들어 낸다. 평화가 다양성을 긍정하는 방식으로 이루어진다면, 다양성의 긍정은 그 다양함의 주체들을 더불어 살아가게 하는 기초다. 구성원들 간 상호 인정과 상호 교류가 공동체를 가능하게 해주고, 거기에 평화라는 기초를 놓는다.

이때 확보해야 할 것은 개별적 주체성이 아니라 공동의 주체성이다. 여러 가지 '평화들' 하나하나가 대립하지 않으려면 공동의 '평화'를 인정하고 그에 대한 감수성을 공유 및 확장해 나가야 한다. 김상봉이 "내가 너와 함께 우리가 된다는 것은 나와 네가 고립된 홀로주체성을 벗어나 보다 확장된 공동의 주체성을 형성한다는 것을 의미한다."고 말했는데, 이에 따르면 평화는 개별적 주체성을 살리면서, 공동의 주체성을 확보해 가는 과정이다.

평화인문학은 '우리'라고 할 만한 것 속에 담긴 공통의 그 무엇, 즉 평화를 지향하면서, 다양한 평화들 안에 평화를 담아내려는 시도다. 그 평화는 어울림이며, 바꾸어 말하면, 인권이기도 하고 사랑이기도 하다. 자비이자 측은지심이며, 공감이기도 하다. 용서이자 화해이며 치유이기도 하다. 개체성, 지역성을 존중하되, 공통의 무엇에 대한 감수성을 놓치지 않을 때, 평화의 공동체도 가능해진다.

이때의 공동체는 저들만의 목적을 공유한 채 타자를 차별하는 폐쇄적 집단이 아니다. 개인의 내면에 갇힌 평화가 현실 도피적 자기 위안일 수 있듯이, 특정 경계 안에 갇힌 평화는 다른 이에게 폭력이 되기도 한다. '너'에게만 집착하고 다른 이는 몰아내는 행위를 너에 대한 사랑이라 할 수 없듯이, 특정인만을 위한 평화는 불가능하거나 제한적 혹은 일시적이다. 이와 관련하여 에리히 프롬(E. Fromm)의 『사랑의 기술』(The Art of Loving)은 '평화의 기술'을 해명하는 데도 유용하다.

본래 사랑은 특정한 사람과의 관계는 아니다. 사랑은 한 사람과, 사랑의 한 '대상'과의 관계가 아니라, 세계 전체와의 관계를 결정하는 '태도', 곧 '성격의 방향'이다. 어떤 사람이 다른 한 사람만을 사랑하고 나머지 동포에게는 무관심하다면, 그의 사랑은 사랑이 아니라 공서적 애착이거나 확대된 이기주의다.(에리히 프롬, 『사랑의 기술』)

마찬가지로 평화라는 이름으로 누군가에게 폭력이 된다면, 그것을 평화라고 할 수는 없다. 평화공동체를 지향한다며 차이를 배제하는 그들만의 자기중심적 평화주의는 프롬이 경계하듯이 사랑을 크기에 따라 표준화하려는 시도나 다름없다. 사랑이 세계 전체와의 관계를 결정하는 태도이듯이, 사랑과 자비 혹은 공감을 근간으로 하는 평화도 결국은 인류 전체를 지향하며 포용하는 다원주의적 자세로 자리매김 되어야 한다. 다양한 평화들을 긍정하며 그 안에서 평화를 읽어내야 하는 것은 물론이다.

공동체는 같음[同]을 공유[共]한다면서 다름을 배제하는 행위를 동력으로 삼아서는 안 된다. 함께, 더불어, 같이[共] 움직이고[動] 일하는[働] 동적 작용을 근간으로 삼아야 한다. 평화인문학에서 상상하는 평화공동체는 인류 전체가 상생적 동료가 될 때까지 지속되는 역동적 과정이다. 다양한 평화들이 평화를 기준으로 함께하는 행위에서 역동적 평화공동체의 기초가 놓이고 가능해진다. 그때의 공동체는 함께 움직이는[動] 공동체(共動體)이자, 일본식 한자를 쓰면 더불어 일하는[働] 공동체(共働體)이기도 하다.

제5장 | 녹색평화와
목적론적
평화인문학

1. 목적론적 평화인문학

이제까지 본대로, 인문학은 인간다움 혹은 인간다운 삶의 조건과 그 가능성에 대한 탐구다. 인간다운 삶은 가치중립적이지 않다. 저마다 처한 형편에 따라 그 상황에 반응하며 특정 목적을 지향한다. 그런 행위와 자세가 상대방을 자신 안에 수용하며 타자긍정적으로 나타날 때, '인간답다'고 할 수 있다. 헤겔이 인간의 대자성(對自性)에 대해 이야기하고, 사르트르가 대자성을 인간다움의 근간으로 보았듯이, 인간은 자기 부정적으로 타자와 관계를 맺는다.

타자와의 자기 부정적 관계란 상대를 내 안에 수용하는 자세다. 다소 감성적인 언어로 풀어 말하면, 사랑이라 할 수 있다. 사랑은 감정이기도 하고, 타자수용적 관계이기도 하다. 사랑은 아픔을 함께 나눠 줄이고 기쁨을 함께 나눠 늘이는 가치지향적 행위다. 처한 상황에 따라 크기도 다르고 농도도 다를 수 있지만, 타자와의 자기 부정적 관계라는 차원에서는 상통성을 지닌다.

평화도 마찬가지다. 평화는 '평화들'로 존재한다. 저마다 주어진 지평에 영향을 받으며 다양한 인식을 하듯이, 인간은 다양한 자리에서 여러 가지 '평화들'을 경험하고 추구한다. 그러면서도 '평화들'을 흩어지지 않게 하는 공통 근거도 있다. 그것이 폭력의 축소로서의 '평화'다. 이것은 평화에 대한 이해가 다양해도 그 다양성 속에 공유 지대도 있으며, 또 인간이 그렇게 기대한다는 뜻이기도 하다.

피부색이 다양해도 인간이듯이, 여성이나 남성이나 인간이듯이, 그리고 '종교들'의 이름이 다양해도 '종교'라는 공통성이 있듯이, 너의 평화와 나의 평화가 상통하는 데가 있으리라는 기대는 평화인문학이 학문적 보편성을 가질 수 있게 해주는 근간이다. 다양성 속에서 그 다양성을 무질서하게 분리시키지 않는 연결고리와 체계를 읽어 낼 때, 학문의 보편성을 위한 기초가 놓인다. 평화라는 보편성은 포기될 수 없다. 현실적 경험의 세계는 다양해도, 많은 이들이 다양성 안에서 그 다양성들의 궁극적 조화를 꿈꾼다는 점에서, 그리고 그 조화가 평화의 다른 이름이라는 점에서, 평화는 인류가 두루 지향하는 세계라 할 수 있다. 평화들의 조화, 더 큰 평화는 평화가 인류의 이상이자 목적이라는 뜻이다.

그리고 인류의 희망과 기대의 영역과 관련되어 있다는 점에서 평화학은 목적지향적 학문이다. 폭력적 현실에 대한 비판적 분석이기도 하다는 점에서는 현실분석학이기도 하지만, 평화학은 인류가 갈등, 분쟁, 전쟁의 위험 속에 처해 있음에도 불구하고, 아니 그렇기 때문에 더 희망적으로 전개해 나가자고 제안하는 전망적 사고다. 특히 평화인문학은 따뜻하게 인간화한 사회에 대한 기대, 그것을 가능하게 하는 근원에 대한 기대를 더 강력하게 품는다.

평화학은 목적론적인 학문이다. 단순하게 해설하면, 평화를 학문의 대상이자 목적으로 삼는다는 뜻이다. 물론 목적은 목적이기에, 현실과 단순히 동일시되지 않는다. 현실 안에 갇히지 않는다. 하지만 목적을 이루려는 노력과 과정 속에 노력과 과정만큼 목적은 현실화한다. 언젠가 "평화학은 세속화한 시대의 신학"이라는 표현을 쓴 적이 있다. "신학의 세속적 변용"이라고 표현하기도 했다.(이찬수, 「대동에서 만나는 종교와 평화」, 서울대학교 평화인문학연구단 편, 『평화인문학이란 무엇인가』, 125쪽), 이런 표현을 쓴 이유는 평화가 목적이자 목적이 구체화되는 과정이기도 하다는 평화의 구조가 종교적 이상 세계인 '하느님 나라'를 서술하는 신학적 구조 및 방식과 유사하기 때문이다. 신학에서 하느님 나라는 이상이자 목적이라는 점에서 구체화시켜야 할 미래적 과제이면서, 그 과제를 수행하려는 노력을 통해서 오고 있는 과정적 현실이기도 하다. 개벽(開闢)이라는 이상적 세상과 인간의 구체적인 실천은 분리되지 않는다는 한국의 종교적 사유방식도 구조적으로 상통한다. 개벽은 이미 짜여 있는 우주적 법칙이면서도 그 법칙에 어울리는 인간의 정신적 전환과 사회적 변화를 통해서 이루어지는 끝없는 작용이기도 하다. 평화학이 폭력적 현실 안에서 그 폭력을 넘어서는 세계에 대한 희망적이고 전망적인 사유라면, 이것은 '하느님 나라' 혹은 '개벽'이라는 이상적 질서 혹은 전환의 세계에 대한 신학 혹은 종교적 사고와 구조적으로 다르지 않다. 평화학이 고전적 종교관을 초월자나 선험적 원리 없이 현대적으로 계승하고 있는 셈이라고 해도 과언이 아니다.

물론 이런 과정은 고통에 대한 감수성을 가지고 타자를 수용하고 긍정하는 개방성과 겸손함을 핵심으로 한다. 평화도 폭력으로 인한 아픔의 원인을 찾아 고통을 극복하려는 노력이라는 점에서 평화학은 순수하게 객관적이기보다는 구체적으로 주관적이고, 무엇보다 가치지향적 혹은 규범적이다. 폭력을 고발하고, 폭력의 희생자를 구호하며, 사회적 정의와 인류의 연대성, 환경적 균형까지 추구한다는 점에서 가치표방적이기도 하다. 가치중립적 연구는 평화를 이도 저도 아니게 만들고, 현실이라는 이름으로 교묘하게 평화를 은폐한다.

  인간다움이 가치지향적이듯이, 인간다움을 다루는 인문학도 마찬가지다. 인간다움의 근거와 가능성을 추구하는 인문학은 사회적이고 정치적이며 예술적이고 종교적이다. 복합적이다. 어느 순간 완결되는 학문도 아니다. 인문학은 인간다움의 완성을 향해 지속적으로 진행하는 도상의 학문, 과정적 학문이다. 평화인문학도 평화를 지향하면서 다양한 학문을 융합하고, 스스로의 학문적 정체성을 형성해 가면서도 새로운 미래를 창조하는 과정의 학문이기도 하다. 그리고 인류에게 평화로운 삶, 평화로운 사회, 평화로운 공동체, 평화로운 세계를 상상하게 해주고, 또 그러한 상상 속에서 평화를 앞당기도록 하는 문명적 기획이기도 하다.

  평화연구자는 개인과 사회의 상생적 평화를 지향하며 스스로 평화가 되어 가야 할 과제를 지닌다. 그런 점에서 평화인문학은 평화로 나아가는 인문학, 즉 Humanities to Peace라고 영역함 직하다. 평화를 위한 것이어야 한다는 점에서는 Humanities for Peace라는 표현이 일반적이겠으나, 연구자 자신이 평화에 대한 책임을 도외시하지 않고 학문 안에 평화를 녹여 내야 한다는 점에서 평화로서의 인문학, 즉 Humanities as Peace라고 영역할 수도 있겠다.

2. 녹색으로서의 평화인문학

평화의 가치와 범주에 대해 하나 더 보완해야 할 것이 있다. 좁은 의미에서 평화학의 대상은 인간이다. 평화학은 기본적으로 인간의 평화를 추구한다. 그런데 인간은 자연의 일부이다. 따라서 자연의 질서가 파괴되면 인간도 결코 평화로울 수 없다. 실제로 오늘의 세계는 심각한 환경 파괴로 인해 인간은 근본적인 차원에서 생명의 위협을 받고 있고, 지구 전체가 위태로운 상황으로 치닫고 있다. 자연과 인간 사이의 평화에 대해 고민해야 한다는 뜻이다.

특히 21세기 이후까지 상상한다면, 오늘날의 평화학은 자연과 인간의 화해를 주요 주제로 다뤄야 한다. 평화의 녹색적 가치에 대해 더욱 진지하게 숙고해야 한다. 이때 녹색이라는 말은 생태적 질서 혹은 자연과의 유기적 관계성을 의미하는 은유적 표현이다. 녹색은 자연과의 원천적이고 유기적인 관계성을 회복하고 구체화하기 위한 각종 노력을 담아내려는 시도다. 여기에는 개인과 사회, 지구촌 전체의 삶이 자연적 질서와 생태적 가치에 어울려야 한다는 요청이 들어 있다.

이러한 생태적 가치는 인간 중심주의, 물질주의, 성과주의 등의 가치를 부정하고, 기계적인 문명에 대해 비판적이다. 남성 중심주의를 넘어 양성 평등주의를 지향한다. 생태계는 '모든 것은 모든 것에 연결되어 있다.'는 유기적 연관성의 다른 이름이며, 이런 연관성에 기초한 일원론적 세계관과 연결된다.

녹색의 세계관을 가지는 것은 알랭 리피에츠(A. Lipietz)의 규정마따나 '연대성', '자율성', '생태적 책임성', '민주주의'적 삶을 사는 것이다. 협의의 자연 친화성을 넘어, 인간과 인간, 인간과 자연의 유기적 관계가 사회화, 문화화, 나아가 문명화될 수 있도록 하는 정치적 입장이나 자세도 포함한다. 그래서 녹색정치라는 말도 가능할뿐더러, 녹색정치는 녹색 운동가들의 주요 실천적 과제이기도 하다. 녹색정치는 위로부터의 하향식 정치제도를 변혁해 아래의 다양한 목소리를 긍정하며 친환경적으로 담아낸 상향식 정치 시스템이다. 생태적 질서의 문화화 혹은 생활화를 추동하는 시스템을 만들어 가는 작업이기도 하다.

녹색은 자연과의 유기적 관계성에 입각한 생태적 생명으로 귀결된다. 그리고 생태적 생명이 인간과 인간, 인간과 자연의 유기적 관계성을 개인과 사회 전반에 구체화해 낸 상태라면, 이러한 생명은 평화라는 말로 번역될 수 있다. 녹색생명은 단순히 생물학적 생명을 의미하지 않는다. 녹색이 지향하고 추구하는 생명은 적극적인 의미에서의 평화라고 번역해도 지나치지 않다. 그렇게 21세기의 평화는 녹색생명의 가치를 구체화시키는 가운데 이루어져야 한다.

녹색적이지 않은 채 평화로울 수 없다. 녹색평화는 적극적 평화를 이루어 가는 과정과 다르지 않다. 평화인문학이 21세기를 넘어 22세기를 내다본다면, 녹색적인 옷을 입어야 한다. 타자와의 유기적 관계성과 건강한 생명의 사회화를 통해 평화를 이루려는 것이 녹색평화학이라면, 평화인문학이 녹색평화의 세계관안에서 그에 어울리게 이루어지는 것은 당연하고 자연스럽다.

3. 한반도발 평화인문학

평화인문학은 복합적으로 구성되어 있는 폭력적 상황의 이유와 원인에서 인간의 욕망과 아픔과 희망을 읽어 내야 할 과제를 지닌다. 욕망을 폭로해 비판하고 희망을 북돋아 추동해야 한다. 그렇지 못한 학문은 책상 위의 성과로만 남을 뿐이다. 인간의 얼굴이 없는 평화학은 '비평화를 복합적으로 재구성'시키는 데 일조할 뿐이다.

폭력을 줄여 인류의 미래를 구원할 평화학의 최적지 가운데 하나가 한반도다. 한반도에서 평화를 연구하는 작업은 평화를 내면적 가치나 도덕의 문제로 한정하는 작업이나 기존 서구 평화학의 연장 그 이상을 요구한다. 한반도는 동양의 오랜 정신문화적 가치와 지향이 서양의 기술문명 및 근대적 세계관과 만나 적절히 융합되어 가고 있는 지역이다. 폭력적 분단체제에 휩싸여, 남·북이 서로 위협하면서도, 화해와 통일에의 추구가 동시에 겹쳐 있는 세계 유일의 장소다. 한반도는 동족 간의 대립이라는 역설과 전쟁 중단 상태 중에서도 적극적 평화를 지향해야 하는 모순이 미묘하게 공존한다. 국제정치적으로는 미국과 중국이 힘겨루기를 하는 현장이고, 시대적으로는 전근대와 근대와 탈근대적 가치와 자세 간에 대립과 갈등이 있는 공간이다. 이러한 혼란을 넘어 통전적 미래를 새롭게 구상해야 할 인류의 과제까지 종합적으로 짊어지고 있는 곳이다.

이런 이유에서 한반도는 평화학과 관련된 여러 논의들을 점검할 만한 적절한 사례가 된다. 인류의 평화 수준을 통시적이고 공시적으로 볼 수 있게 해주는 무대도 된다. 한반도발 평화 연구는 긴장 상태에 처한 한반도의 특수한 문제를 해결하는 데 초점을 두면서도, 21세기 전 지구적 차원에서 부딪치는 평화 관련 쟁점들에 대한 깊이 있는 대안과 보편적 상상력을 자극하고 제공해줄 만한 작업이기도 하다.

이를 위해 한반도의 평화연구자들은 기존 서구 평화학에서 배우되, 한국적 특수성과 세계적 보편성을 동시에 구현하려는 문제의식을 강하게 견지해야 한다. '황색 피부에 하얀 가면'을 쓴, 서구 평화학의 단순 번역의 언어가 아니라, 그리고 '서양에 대한 동양인들의 재현방식'으로서의 '옥시덴탈리즘'적 인문학이 아니라, 한국의 역사적 혹은 문화적 상황을 충분히 담지하면서도 세계에 두루 통할 보편적인 평화인문학을 확립해야 한다는 것이다. '번역'이라는 표현을 쓴다면, 분단을 넘어 통일과 평화로 나아가고자 하는 한국인의 평화적 감성으로 되감아 낸 창조적 번역을 해야 하는 것이다. 과거의 유산을 이어받으면서 미래를 상상하고 현재를 변혁해 가야 하는 도전에 직면해 있는 것이다.

전술했듯이, 평화는 그 자체로 존재하는 어떤 정적인 '상태'가 아니다. 평화는 언제나 벽을 낮추고 허물어 가는 동적 '과정'으로 존재한다. 개인과 개인 간에, 집단과 집단 간에, 국가와 국가 간에 벽이 완벽히 제거된 상태는 없다. 평화는 하나의 완성된 상태가 아니라 벽을 낮추어 가는 과정이다. 폭력을 축소하는 과정이 평화다. 여러 평화들이 작은 폭력을 제압해 가는 과정이라고 바꾸어 말할 수도 있겠다.

평화는 여러 힘들이 조력하는 형태로 성립되고 형성된다. 평화는 힘들의 단순한 일치와 통일이 아니라, 힘들의 조화와 관계다. 다양한 평화들이 갈등이 아니라 조화와 공존으로 수렴될 수 있도록 선도하는 평화학, 특수성과 보편성을 모두 살리면서 인간의 얼굴을 담아내는 인문학, 그러한 융·복합적 평화인문학을 만들어 내는 작업은 인류 최후의 심원하고 광대한 과제라고 해도 과언이 아닐 것이다.

근대 중국의 국부라 할 만한 쑨원(孫文, 1866-1925)은 실천은 어려워하면서 지식만 쉽사리 쌓아가는 행위[行難易知]를 비판하고, 앎은 어렵고 행함은 쉽다[知難行易]는 정신으로 살았다. '지난행이'는 열심히 공부하고 공부한대로 실천한다는 뜻이라고 풀어 말할 수 있다. 항일 독립 운동가이자 대한민국 임시정부 주석을 지낸 백범 김구(金九, 1876-1949)도 같은 휘호를 남겼다. 쑨원이나 김구는 인간다움[人文]에 대해 공부한다면서 정작 인간답지 못한 현실을 외면하며 책상에 안주하는 것이 도리어 개인과 사회를 비인간화시킨다는 사실을 생애 전체를 통해 보여주었다고 할 수 있다. 사진 속 "知難行易"는 "대한민국항주임시정부유적지"(중국 항저우 소재)에 걸려있는 김구의 유묵이다.

김태창 편, 조성환 옮김, 『화해와 상생의 공공철학』, 동방의 빛, 2010

평화는 공존이며 공생이다. 이 책에서는 사적 영역이 이기적 자유주의나 집단적 전체주의에 함몰되지 않고 타자와의 수평적 관계 맺음을 통해 건강한 공적 영역을 확보해 가려는 공공성의 내용을 적절히 설명하고 있다. 평화가 공감에 기반한 공존의 다른 이름이라면, 공존과 공생을 근간으로 하는 공공철학 역시 평화론의 연장이라 할 수 있다. 동아시아적 공공철학의 정립을 위해 노력하는 김태창의 입장이 잘 드러나고 있다.

디터 젱하스, 이은정 옮김, 『문명 내의 충돌』, 문학과 지성사, 2007 / 디터 젱하스, 김민혜 옮김, 『지상의 평화를 위하여』, 아카넷, 2016

젱하스는 비평화의 상황이 왜 구조화된 채 지속되는지, 그 국제정치적 관계, 문화적 이유 등을 복합적으로 연구했다. 평화 구축을 일종의 '문명화 프로젝트'로 이해하면서, 공동체 내부 혹은 공동체들 간의 생활이 평화로워지려면 여섯 가지 대안을 실천해야 한다고 보았다. 이 가운데 시민들의 민주적 정치참여를 보장하면서 확보된 공적 권위와 권력이 사적 폭력을 통제할 수 있어야 한다고 강조하는 부분을 눈여겨볼 만하다. 동일 저자의 책 『지상의 평화를 위하여』에서 이런 관점을 좀 더 발전적이고 구체적으로 다루고 있는데, 평화학에 깊은 관심이 있다면, 『지상의 평화를 위하여』를 이어서 읽어보는 것이 좋겠다.

라인홀드 니버, 이한우 옮김, 『도덕적 인간과 비도덕적 사회』, 문예출판사, 2004

인간은 개인에 대한 동류의식이나 공감력을 갖고 있고, 개인 차원에서는 다른 이의 이해관계를 고려하기도 하지만, 집단으로 가면 상황이 달라진다. 집단은 개인의 의도와 행위 사이의 차이가 중층적으로 얽혀 있으면서도, 그 차이들에 책임을 물을 수도 없는 복잡한 상황에 놓여 있다. 개인들의 이기적 충동이 중층적으로 결합된 집단주의로 인해 사회는 비도덕적으로 흘러간다. 이러한 사실을 20세기 초반 세계적 상황을 경험하며 설득력 있게 서술했다.

르네 지라르, 김진식 옮김, 『나는 사탄이 번개처럼 떨어지는 것을 보았다』, 문학과 지성사, 2004

인간의 문화는 상대방의 소유를 자기도 소유하기 위해 상대방을 모방하려는 욕망이 일상화하며 형성되어 왔다. 모방욕이 여러 사람들 사이에 겹치면서 모방이 경쟁적으로 강화되고, 모방적 경쟁관계가 갈등을 불러일으키며 폭력화하기도 한다. 신화는 폭력의 원인 제공자를 공식적으로 희생시켜서, 말하자면 '희생양'으로 삼아 이후의 폭력을 제어해 왔음을 보여준다. 이러한 '희생양 시스템'은 오늘날까지도 폭력의 사이클을 규명하는 데 유용한 분석이다. 지라르의 주저인 『폭력과 성스러움』과 비슷한 시각 및 내용을 견지하면서도 고대 사회에서 폭력이 정당해지는 과정을 파악하기에는 더 수월하고 간결하다. 희생의 시스템을 넘어서는 성서적 사례를 긍정적으로 평가한다는 점에서는 종교가 평화에 공헌할 수 있는 가능성을 상상하는 데 유용한 책이다.

박이문, 『통합의 인문학』, 知와 사랑, 2009

모든 학문은 인간에 의한 인식이라는 점에서 인문학적일 수밖에 없고, 연구자의 주관적 관점을 온전히 벗어날 수 없다. 이 책은 이런 관점을 유지하면서 과학에 의해 일종의 분과학처럼 밀려났던 인문학이 다시 과학적 관점을 흡수하고 통합하면서 스스로의 학문적 정체성을 확보해 나가고 있는 최근의 추세를 잘 보여 주고 있다. 저자가 그동안 썼던 글들을 인문학의 개념, 기능, 방법론 및 인문학의 통합적 성격 등을 중심으로 재구성했다. 평화인문학의 통합적 성격을 규명하는 데 방법론적으로 도움이 되는 책이다.

백영서, 『사회인문학의 길』, 창비, 2014

사회인문학이라는 것이 가능한지 묻고 있는 역사학자의 인문학론이다. 사회인문학은 사회적 의제를 단기적으로 규명하기보다는, 거시적(가령 역사적, 사상적) 과제와 결합시켜 인간 삶의 다양한 가능성에 대한 통찰을 이끌어낸 뒤, 그 통찰에 비추어 사회적 실천의 기초를 확보하려는 비판적 학문 활동이라고 규정한다. 이런 시각에 어울리는 저자의 기존 글들을 다시 엮어 만든 책이다. 인간의 희망과 지향으로서의 평화를 인문학적이면서 구체적으로 재구성하려는 연구자라면, 특히 이 책의 제1부에 담긴 학문적 관점들에서 유용한 도움을 받을 수 있을 것으로 보인다.

빌헬름 얀센, 한상희 옮김, 『코젤렉의 개념사 사전 5 – 평화』, 푸른역사, 2010

평화 연구의 기본은 평화라는 말이 지금까지 어떤 의미로 쓰였는지 그 개념의 역사를 정리하는 일이다. 개념은 정치적이고 사회적인 의미 연관들로 채워져 있어서, 누가 어떤 맥락에서 사용하느냐에 따라 외형적으로는 같은 낱말도 다의적으로 나타난다. 같은 말을 쓴다고 해서 누구에게나 같은 의미를 지니는 것이 아니다. 맥락이 달라지면 다른 의미를 발생시키고 다른 결과를 낳기도 한다. 이 책에서는 평화가 유럽에서는 어떤 의미를 지녀왔는지, 수천 년에 걸친 평화에 대해 유럽인들이 지녔던 개념의 역사를 집약적으로 정리하고 있다.

서울대학교 평화인문학연구단 편, 『평화인문학이란 무엇인가』, 아카넷, 2013

좁은 의미에서 평화인문학은 평화에 대한 인문학적인 연구이다. 인문학은 인간다움을 다루는 다양한 학문 영역을 의미한다. 하지만 평화 자체가 복합적이며, 인간다움도 좁은 의미의 문과적 연구 대상에 국한되지 않는다. 이러한 문제의식을 가지고 열두 명의 저자들이 평화인문학의 보편적 의미와 지역적 맥락화 가능성을 다루고, 그동안 서구식 사회과학에 집중되었던 평화 연구의 영역을 다양한 시각으로 확장시켜서 학제적이고 융합적인 평화학이 어떤 것이어야 하는지 정리하고 있는 본격 학술서다.

에드워드 사이드, 김정하 옮김, 『저항의 인문학』, 마티, 2012

사이드에 의하면, 인문학의 위기는 변화하는 세계의 흐름을 직시하지 못한 인문학자가 자초한 일이다. 순수한 문헌학에 치중하면서 보편적 인문주의(휴머니즘)를 외면하던 데서 벌어진 일이다. 이 책에서는 억압하는 현실에 대한 저항적 읽기를 통해 인문주의에 실천성을 담아내야 한다고 주장한다. 구미 중심으로 축적되어 온 기존 자료들에 대한 비판적 읽기를 시도해야 하고 전문 용어에 매이지 않는 쉬운 글쓰기를 시도해야 한다. 인문주의의 이름으로 인문주의에 비판적이어야 한다. 이러한 관점은 기존 전통이나 관습에 대한 저항적 비평으로 평화에 대한 인문학적 정립을 시도하려는 이들에게도 유용하다.

요한 갈퉁, 강종일 외 옮김, 『평화적 수단에 의한 평화』, 들녘, 2000

평화가 폭력이 없는 상태라는 사실을 '소극적 평화'와 '적극적 평화'의 관점에서 복합적이고 체계적으로 소개하면서, 20세기 서구 평화학의 교과서처럼 자리매김한 명저다. 평화 연구를 평화이론, 갈등이론, 개발이론,

문명이론의 네 분야로 나누어 분석하면서, 평화가 '국가안보'에서 '인간안보'로 나아가되, 평화를 이루기 위한 수단도 평화적이어야 한다는 사실을 종합적이고 설득력 있게 다루고 있다. 다루는 분야와 사례가 방대해 읽기 쉽지는 않지만, 평화 연구를 하나의 체계적 학문으로 자리매김하게 해준 대표적인 책이라 할 수 있다.

임마누엘 칸트, 오진석 옮김, 『영원한 평화를 위하여』, 도서출판b, 2011

이 책은 칸트의 1795년 작품이다. 평화 자체에 대한 개념적 논의라기보다는, 보편적 평화 구축의 조건과 가능성에 대한 논의이다. 그의 철학이 세계 사상사의 지평을 바꾸다시피 했듯이, 이 책에 담긴 그의 평화구축론도 전쟁 없는 세상을 꿈꾸는 이들에 의해 끝없이 회자되어 왔다. 칸트는 전쟁 중이던 프로이센과 프랑스가, 그리고 스페인과 프랑스가 강화(講和) 조약을 맺는 것을 보고 평화구축론을 구상했던 것으로 전해진다. 이 책에 의하면, 평화는 모든 적의(敵意)의 종말을 의미한다. 적의가 사라지면 서로 싸울 일도 사라질 것이다. 하지만 칸트의 일차적 관심은 적의 자체 보다는 평화를 가능하게 하기 위해 준비해야 할 조항 혹은 조건이었다. 평화는 자연스럽게 주어지는 것이 아니라 인간이 수립해야 할 과제이기 때문이다. 칸트가 보건대 자연스러운 상태는 평화가 아니라 전쟁이었다. 전쟁이라는 자연 상태가 보편적인 법체계에 의해 질서가 잡히는 상태가 평화였다. 이러한 평화를 이루려면 개별 국가들 국내적으로는 공화적 정치가 성립되어야 하고, 국제적 차원에서는 개별 국가의 자유를 보장하는 국제연맹을 구성하고 사람들의 상호 방문권을 우호적으로 보장해야 한다고 주장했다. 이러한 조건들에 따르는 국제 조약이 전쟁을 막는 길이자 영원한 평화의 조건이라는 것이다. 1차 대전 이후 구성된 국제연맹과 2차 대전 이후에 생긴 국제연합의 의미와 취지를 설명하는 이들은 으레 칸트의 이 책을 인용한다. 옛 문투라 읽기 쉽지는 않지만, 평화

연구자라면 소화해야 할 간명하면서도 대표적인 고전이다. 우리말로도 대여섯 가지 이상의 번역본이 나와 있다. 그만큼 지속적으로 읽히고 있는 책이라는 뜻이다.

이리에 아키라, 이종국 외 옮김, 『20세기의 전쟁과 평화』, 을유문화사, 1999

이 책에서는 19세기 이후 세계가 근대 국민국가 체제로 이동해 가면서 각국이 국익에 기반한 권력 정치와 외교전을 펼치는 과정에 국가들 간 갈등이 야기되기도 했으며, 그와 동시에 강대국이 균형자 역할을 하면서 국제 질서가 안정되는 측면도 있었다고 주장한다. 전쟁은 국제 질서만이 아니라 국내 정치와 사회 구조로 인해서도 발생한다는 사실과 비정부기구들이 세계의 평화에 공헌해온 사례들을 포함해 20세기 유럽과 일본의 전쟁 및 평화의 사상적 계보를 추적하고 있다.

이문영 편, 『폭력이란 무엇인가 : 기원과 구조』, 아카넷, 2015

여섯 명의 저자들이 폭력의 본질과 다양한 폭력 현상들에 대해 분석하면서 폭력론의 체계화를 시도하고 있다. 특히 폭력의 이론을 다루는 제1부에서는 법과 권력의 폭력적 구조 및 폭력을 내면화시키는 신자유주의적 폭력, 그리고 종교근본주의의 폭력에 대해 분석하고 있고, 제2부에서는 이러한 폭력이 테러리즘, 제노사이드, 민족주의, 젠더 문제를 통해 어떻게 발현되는지 등을 구체적으로 소개하고 있다. 폭력의 기원, 구조, 사례들을 섬세하게 분석 및 정리함으로써, 결국은 평화란 무엇이고 또 무엇이어야 하는지 진지하게 묻고 있는 연구서다.

지그문트 바우만 외, 최호영 옮김, 『도덕적 불감증』, 책읽는수요일, 2015

이 책에서는 '악은 말없는 윤리적 시선을 외면하는 눈길과 무감각 속에서 더 자주 모습을 드러낸다.'면서 악의 일상성에 대한 깊은 통찰을 보여준다. 인터넷에서는 끝없이 누군가와 연결되어 있지만, 자신은 드러내지 않은 채 남만 알려고 하는 자세가 개인화를 강화하고 공감을 파괴한다. 국가와 기업이 개인적 욕망에 따라 상품을 구매하는 소비자를 경제를 위해 도덕적 행위를 하는 것처럼 칭송하지만, 개인들의 욕망의 만남인 소비주의 문화는 도덕적 태만으로 이어진다. 이 책은 개인과 사회가 개인화에 따른 도덕적 불감증을 넘어 상호 귀속감을 재발견할 수 있겠는지 그 가능성에 대해 깊이 성찰하면서, 개인과 사회의 평화가 어떻게 재구성되어야 하는지 성찰하게 해준다.

피에르 부르디 외, 김웅권 옮김, 『파스칼적 명상』, 동문선, 2001

이 책은 프랑스의 수학자이자 독창적 기독교 사상가였던 파스칼의 관점을 계승하면서, 그동안 학자들이 관념적으로 만들어낸 추상적이고 보편적인 인간상을 비판한다. 여기서는 인간의 보편적 요소로 여겨지는 이성도 사실상 사회적, 경제적 조건들의 산물이라고 본다. 인간은 초월적이고 순수한 인식체계가 아니라, 구체적인 시공간 안에서 육체 안에 새겨진 성향 체계, 즉 '아비투스'를 부여받아 움직인다는 것이다. '습관이 권위와 폭력의 토대'라는 파스칼의 주장처럼, 사람은 습관에 익숙해지면서 폭력에 대한 건망증이 생긴다. 그래서 제도와 권력의 폭력성도 지속된다. 평화라는 것도 폭력이라는 구체적 경험 세계를 통해서만 설명된다는 본서(『평화와 평화들: 평화다원주의와 평화인문학』)의 관점에는 물론 인간다움이라는 가치를 어디서 어떻게 확인할 수 있을지에 관한 문제의식에 사회성과 구체성을 입혀 줄만한 책이다.

서울대학교 통일평화연구원 평화교실 01

평화와 평화들 : 평화다원주의와 평화인문학

등록 1994.7.1 제1-1071
1쇄 발행 2016년 5월 28일
2쇄 발행 2020년 4월 5일

기   획 서울대학교 통일평화연구원 HK평화인문학연구단
지은이 이찬수
펴낸이 박길수
편집장 소경희
편   집 조영준
관   리 위현정
디자인 이주향
펴낸곳 도서출판 모시는사람들
         110-775 서울시 종로구 삼일대로 457(경운동 88번지) 수운회관 1207호
전   화 02-735-7173, 02-737-7173 / 팩스 02-730-7173

인   쇄 (주)성광인쇄(031-942-4814)
배   본 문화유통북스(031-937-6100)
홈페이지 http://modl.tistory.com/

값은 뒤표지에 있습니다.
ISBN 979-11-86502-48-8   94300
SET   979-11-86502-45-7   94300

이 도서의 국립중앙도서관 출판예정도서목록(CIP)은 서지정보유통지원시스
템 홈페이지(http://seoji.nl.go.kr)와 국가자료공동목록시스템(http://www.
nl.go.kr/kolisnet)에서 이용하실 수 있습니다.(CIP제어번호: 2016010917)

이 저서는 2010년 정부(교육과학기술부)의 재원으로 한국연구재단의 지원을 받아
수행된 연구임. (NRF-2010-361-A00017)